BIBLIOTHÈQUE
du
VEMENT PROLÉTARIEN
X

VICTOR GRIFFUELHES

Voyage révolutionnaire

Impressions d'un propagandiste

PARIS

LIBRAIRIE DES SCIENCES POLITIQUES & SOCIALES

Marcel RIVIÈRE et Cⁱᵉ

31, rue Jacob

BIBLIOTHÈQUE
du
MOUVEMENT PROLÉTARIEN
X

VICTOR GRIFFUELHES

Voyage révolutionnaire

Impressions d'un propagandiste

PARIS
LIBRAIRIE DES SCIENCES POLITIQUES & SOCIALES
Marcel RIVIÈRE et Cie
31, rue Jacob

TABLE DES MATIÈRES

AVANT-PROPOS

Bien des choses ont été écrites sur le mouvement syndical. Les idées, les conflits, les batailles, les passions en lutte ont intéressé les militants et les penseurs. Chacun d'eux par le livre, la brochure, la revue, le journal, a donné ses opinions, ses impressions, ses constatations sur ces diverses manifestations de la vie ouvrière. Mais nul encore n'a essayé de soumettre au public les observations provoquées par des situations locales au cours de voyages souvent renouvelés.

Peindre la vie locale, régionale, en quelques mots, esquisser le portrait des situations et des hommes, traduire un état d'esprit, constituent une tentative méritant d'occuper et d'arrêter un militant ouvrier.

Parviendrai-je, en notant ce que j'ai vu, ce que j'ai senti, à trouver le mot qui dit juste sans froisser ni éveiller des susceptiblités, légitimes souvent ? C'est douteux. Les intéressés qui me liront voudront bien m'excuser si au cours de ma tâche ma plume égratigne et pique. Je leur promets de la manier sans aigreur et sans passion. Je ne retiendrai, de tout ce qui est personnel, que ce qui me paraîtra de nature à donner à cet écrit utilité et intérêt.

Mon souci est de faire connaître à ceux qui ignorent les enseignements que procurent à travers le pays les contacts avec des milieux différents par leurs conditions politiques et économiques et avec des travailleurs aux prises avec des difficultés de tous ordres.

Mandaté récemment par la Fédération nationale des cuirs et peaux auprès des organisations de province, j'ai eu l'occasion de revoir des localités et de traverser pour la première fois d'autres villes.

Auprès des premières, il m'allait être permis d'établir une comparaison entre mes constatations précédentes et celles que je ferais à nouveau, de converser avec des camarades connus; auprès des secondes, j'aurais à vérifier sur place les impressions tirées de correspondances ou de renseignements plus ou moins directs. Et les constatations nouvelles viendraient s'ajouter à celles, déjà fort nombreuses, puisées sur place lors de mes précédents déplacements.

En effet, pour constater, juger, observer, connaître, il faut se rendre sur place, voir les hommes chez eux, les organisations chez elles, saisir leur attitude dans le cadre qui les fait naître, mesurer leur valeur sur le champ même de leur lutte et de leur action. Lorsqu'on a été à même de faire pareille besogne, on a pu acquérir les conditions indispensables pour se guider au cours d'une existence toute de propagande agissante et pour exercer une part d'influence dans la pratique quotidienne du mouvement ouvrier.

Mais ces conditions ne se peuvent acquérir que si on part avec le souci de voir, de connaître ce qui est vrai dans sa réalité brutale et non comme nous voudrions qu'elle soit. Pour utiliser des situations et des forces, pour traduire des sentiments et des aspirations, pour préciser des idées et des attitudes, il faut avoir su apprécier. Traversons donc les milieux, approchons les hommes et retenons !

VOYAGE RÉVOLUTIONNAIRE

Fictions charmeuses

Action morcelée

Parti de Paris, je traversais plusieurs régions en passant par le Cher, l'Indre, l'Allier, la Haute-Garonne, les Pyrénées, la Gironde, les Charentes, les Deux-Sèvres. Les populations de ces départements sont dissemblables en bien des points; leur tempérament diffère, leur histoire, leur tradition varient. Toutes, sauf celles de l'Allier, s'adonnent à l'agriculture, au commerce et à l'industrie. C'est dire que nulle d'elles n'est plus spécialement attachée à l'une de ces branches de l'activité humaine. Les grandes usines, les grands ateliers sont rares dans ces départements; ceux qui existent sont disséminés et le personnel occupé est trop isolé pour qu'il lui soit possible de créer une action vaste et étendue. Aussi, ces régions ne donnent pas au visiteur une impression forte, saisissante; rien n'y frappe au premier abord, il faut chercher pour comprendre et savoir. On rencontre partout des populations dont la situation apparaît brillante et aisée, que la nature, par son sol et son climat, favorise. La vie y semble douce, facile; en parcourant les cités, on est baigné d'une gaieté sans mélange et on est porté à croire que là règne la plus grande somme possible de paradis. Chacun y respire, circule, s'agite au milieu d'un perpétuel renouveau, donnant l'illusion du bonheur.

Et cependant, la réalité ne cadre pas toujours avec ce que l'œil saisit au vol. Les misères, les souffrances, pèsent lourdement sur la classe ouvrière de ces régions ; elles prennent plus d'acuité parce qu'elles sont contenues, cachées, masquées par le sourire du moment et la joie d'un jour.

Là, plus qu'ailleurs, les plaisirs bruyants de la rue et des fêtes font oublier les heures difficiles de l'atelier et du foyer. De sorte que le plus souvent on est à la recherche des joies passagères et menteuses et non à la recherche des satisfactions durables goûtées chez soi.

Tout ce qui attire la curiosité passionne et préoccupe, et les passions étant mises au premier plan, il y a dans ces régions un je ne sais quoi qui plaît et qui charme, peut-être parce que trompeur. Mais il n'y a pas — ou très peu — une vie ouvrière intense, active, remuante, source de conflits et de luttes. Pourquoi ? Parce qu'il n'existe nulle part, dans ces départements, de classe ouvrière agglomérée, concentrée, véritable foyer dans lequel fermentent les colères qui stimulent et les haines qui créent.

C'est pourquoi bien rares y sont les grands conflits; la lutte n'y revêt de l'âpreté que par moment, rarement de l'aigreur. Est-ce un bien ? Est-ce un mal ? C'est un bien si on considère que l'illusion fait vivre; c'est un mal si on estime que pour mieux aimer il faut savoir haïr.

Je dis que les grands conflits y sont rares, je devrais dire qu'il n'y en a jamais eu. J'entends des conflits qui, partis de peu, ont immédiatement revêtu un caractère social par l'importance des combattants, par leur nombre et par l'esprit les animant. Les luttes qui se sont engagées dans ces diverses régions n'ont jamais compris que les travailleurs attachés à la corporation en conflit, elles n'ont pas dépassé les limites de la profession. Sans doute, quelques-unes d'elles ont remué les localités qui en étaient le théâtre, la vie y était gravement atteinte, mais il n'y eut jamais, dans ces combats ouvriers, souvent violents, les conditions qui font rompre les cadres corporatifs et déterminent ces mouvements au cours desquels s'agitent les corporations de tout ordre sous l'influence de la colère, de l'enthousiasme et de la solidarité.

Pourquoi en est-il ainsi? Est-ce parce que les sentiments de solidarité, propres à la classe ouvrière, doivent se greffer ou se joindre à des raisons tirées de la valeur de la profession en lutte, de la somme d'efforts dépensés par les ouvriers la composant, du lien qui attache ceux-ci aux autres travailleurs ? Oui. Et c'est ainsi qu'il faut s'expliquer l'absence de tout grand conflit social. En effet, il n'y a pas de dépendance directe entre les diverses parties de ces régions, il n'y a pas non plus de dépendance directe entre les diverses corporations dans chacune de ces régions.

Faut-il conclure de cela qu'il ne faut pas escompter de ces parties du pays un éveil de conscience et un effort collectif ?

Esquisser une réponse serait téméraire et mieux vaut se borner à constater qu'à entr'ouvrir le livre de l'avenir.

Ce que je ne puis dire aujourd'hui, c'est que dans les régions indiquées, il y est une classe ouvrière active, vigilante, en continuelle fermentation ; elle a tous les défauts qui caractérisent le latin : le manque de suite, de ténacité dans son action qui est toute faite de colères passagères qu'un rien active et qu'un rien apaise. Elle est peu endurante non qu'elle soit incapable de faire preuve d'endurance mais parce qu'elle attache plus d'importance à l'effort d'une heure, d'un jour ; pour cet effort elle se donne toute, son action est comme un feu d'artifice qui explose en gerbes brillantes et colorées et ne laisse qu'une trace toute de souvenir et de regrets.

Puis si l'effort aboutit, procure un résultat, chacun l'enregistre, ne songeant pas que pour le conserver l'action est encore nécessaire.

Agglomération industrielle active
Population moutonnière, résignée

En parcourant ces régions pour la dixième ou ving-
tième fois, remémorant tout ce qui entoura ma jeu-
nesse, je songeais aux autres parties de la France, si
disparates et si diverses : au Nord sur qui pèse d'un
poids lourd la domination exercée par une industrie
centralisée, agglomérée et dont la population aux fortes qualités est abêtie par la religion et par la politique. N'ayant appris — prêtres et politiciens se sont
bien gardés de lui apprendre — ni à raisonner ni à
juger, cette population est entre leurs mains l'éter-
nelle résignée, subissant son sort dans l'espérance de
l'au-delà de l'Eglise et dans l'attente d'une révolution
qui ne vient pas.

Il faut voir, à l'heure de l'entrée et de la sortie des
usines, ces longues files d'ouvrières et d'ouvriers ; sur
leur front se lit la souffrance; ces travailleurs for-
ment de véritables troupeaux dont la vigueur est entièrement absorbée par le travail et qui ne retrouvent
un peu de force que pour adorer le dieu qui n'y peut
rien et l'homme politique qui s'en moque. Si, sous la
pression de colères longtemps contenues, accumulées,
ces prolétaires se soulèvent, vite, accourent les
« tueurs d'énergie » effrayés de voir leurs troupes se
révolter sans leur assentiment et sans leur ordre.

Dans les différentes localités du Nord, dès qu'un
conflit surgit sous l'action des ouvriers, les politiciens
examinent, non l'intérêt du travailleur, mais le résultat qu'ils peuvent en retirer pour leurs combinaisons
politiques. Au besoin même on poussera à la grève
dans le même objet. Ainsi en 1904, à la veille des élections municipales, lors du dernier palier de la loi sur
le travail des femmes et des enfants qui réduit la
journée à 10 heures dans les ateliers mixtes, à Roubaix, les politiciens fomentèrent une grève dans l'uni-

que but de créer à la municipalité bourgeoise une situation difficile et de déterminer chez les prolétaires une hostilité contre elle. Courte journée, salaires plus élevés étaient choses secondaires pour le parti politique, l'installation de « camarades » dans les fauteuils de l'hôtel de ville était à ses yeux autrement utile.

Ne croyez pas que nos sectaires du Nord soient les seuls à comprendre de cette façon l'intérêt ouvrier ! J'ai souvenir, pour avoir vu et entendu, qu'en 1903, lors de la grève des tisseurs d'Armentières qui fut marquée par des incidents tragiques, les amis de Jaurès intriguèrent pour tirer parti du conflit. Ils voulaient porter atteinte dans cette partie du Nord, à l'influence de Guesde et de ses amis. Ces derniers, oublieux, eux aussi, des véritables intérêts en jeu, intérêts touchant une population extrêmement malheureuse, dont les salaires sont infimes, dont les conditions de vie sont des plus pénibles, se désintéressèrent de la grève pour ne s'occuper que des suites qui en résulteraient pour eux. Il faut avoir vu de près les démarches, les combinaisons ! Les uns voulaient par la grève « introduire » Jaurès dans le Nord, les autres voulaient garder le Nord de tout contact avec Jaurès.

Dans le Pas-de-Calais, chez les mineurs, dans des conditions différentes, c'est la même situation. L'action syndicale n'est exercée que pour assurer des mandats politiques aux plus intrigants. L'an prochain, au moment des élections, prenez connaissance des candidats à la députation, prenez les noms des têtes du syndicat minier et vous constaterez que ce sont les mêmes personnages. Le syndicat est le recruteur des voix électorales, il est le tremplin qui permet à des hommes de se mettre en valeur. Pareille situation ne déplaît pas aux Compagnies. Pourquoi leur déplairait-elle ? Elles y trouvent le maximum de sécurité, de repos et de tranquillité. Renseignez-vous et vous apprendrez qu'à Lens contre le maire et député actuel les Compagnies ne présentent pas de concurrent. La raison en est simple. M. Basly est un garant pour elles. Admettez qu'un radical soit élu député de Lens ! Immédiatement le vaincu se démène, s'agite pour reconquérir une situation personnelle perdue, il fait intervenir ses amis, il s'efforce d'entamer une agitation et comme le meilleur moyen d'intéresser le mineur est de lui parler de la mine, de sa situation économique, de réveiller chez lui la haine de la Compagnie — car le Palais-Bourbon le passionne médiocrement — il y aura inévitablement une grève, qui, vaincue ou victorieuse, n'en aura pas moins créé pour les Compagnies des difficultés et des préjudices.

Je n'hésite pas à dire que si j'étais agent, directeur d'une Compagnie minière dans cette région, je donnerais ma voix à un socialiste, estimant que mieux vaut un loup gavé qu'un loup affamé. Voyez comme les Compagnies sont peu inquiétées! Les grandes grèves, notamment celles de 1902 et de 1906, furent déclarées par les ouvriers malgré les « dirigeants » du syndicat minier. Aux sentiments de haine à l'égard des Compagnies se mêlait de la colère à l'égard des « dirigeants ». Et si ces derniers purent reprendre pied, regagner une influence perdue, c'est grâce aux Compagnies. Elles étaient effrayées à bon droit d'un nouvel état d'esprit qui se manifestait chez les mineurs, elles avaient intérêt à ce qu'il disparût. Le moyen d'y parvenir ? Il était à leur portée : ne discuter qu'avec les « dirigeants » du syndicat, leur accorder quelques satisfactions ou quelques promesses, qu'ils rapporteraient aux grévistes en criant victoire ! Les mineurs, parvenus à une étape de la grève voisine de la fatigue, enregistreraient promesses ou satisfactions et ils se devraient d'acclamer ou d'approuver leurs « dirigeants ».

Ne croyez pas que j'exagère! Au premier grand conflit qui éclatera dans le Pas-de-Calais, examinez et jugez ! Je dis qu'il éclatera un grand conflit, parce qu'il est devenu de règle normale parmi les mineurs de cette région d'engager une grande lutte à intervalles presque réguliers. Tous les quatre, cinq ou six ans, il semble que le mineur éprouve le besoin de faire grève, de quitter la fosse, de prendre l'air, de traduire sa colère et son indignation par un acte démonstratif.

Et remarquez que la durée de ces grandes luttes dépasse toujours quarante jours. Jusqu'au quarantième jour, le mineur reste obstiné, fort ; à partir de ce moment la lassitude apparaît, la nostalgie de la mine prend le gréviste. Les Compagnies qui connaissent l'état d'âme de leurs esclaves, savent en tirer parti. J'ai voulu en son temps connaître la raison de pareil phénomène. Il m'a été répondu que le mineur par le système des payes, de la distribution du charbon dans chaque famille était en mesure de parer à ses besoins pendant quarante jours environ. Semblable cause est-elle vraie ? Peut-être. Car le mineur en lutte doit se suffire. Ne croyez pas que les secours reçus par le syndicat soient distribués ! Ils sont conservés dans la caisse syndicale. Lors de la grande grève de 1892, le syndicat garda une somme dépassant 100.000 francs venus en grande partie d'Angleterre. C'est avec les intérêts de ce capital que l'organisation vécut pendant plus de douze ans. Grâce à ces intérêts elle fonctionna, fit face à ses frais d'administration, de délégation si nécessaires pour faire croire à la puissance du syndicat.

Aussi, ne manquez pas de hausser les épaules lorsque vous entendrez un de ces « dirigeants » minier déclarer que l'action n'est possible que si on possède beaucoup d'argent, que l'ouvrier n'est fort que si le nécessaire lui est assuré par le syndicat ! Oui, l'argent est indispensable, à condition qu'il en soit distribué ! Ce n'est pas le cas chez le mineur du Pas-de-Calais.

Le prêtre

Le politicien

Les raisons de la docilité dont font état les ouvriers de cette région de la France à l'égard des chefs catholiques ou des chefs socialistes sont diverses.

Chez les tisseurs, l'extrême misère existe pour chacun d'eux à l'état permanent, elle est installée à demeure dans leur foyer et pour l'en chasser ou pour en atténuer les effets les efforts ont fait défaut. Les chefs politiques sont hostiles à l'action syndicale, et s'ils l'ont aidée, soutenue, ça été pour attirer à eux tous les bénéfices de cette action. Les uns préoccupés de conserver un prestige religieux sur le patron et sur les ouvriers ne pouvaient éveiller chez ces derniers des sentiments de révolte. Les autres préoccupés de conquêtes électorales faisaient du prolétaire un électeur non un combattant. Les premiers ne parlent que de dieu, les seconds ne parlent que de conquête du pouvoir, seul capable d'assurer au salarié un sort meilleur. Par conséquent, l'action syndicale est inutile ou de peu d'importance. De meilleurs salaires, de plus courtes journées, des garanties de travail dans l'usine sont choses secondaires. La résignation, la misère sont les clefs du paradis divin, la docilité, la confiance dans le bulletin de vote sont les clefs du paradis terrestre. Et d'ailleurs, disent les socialistes, nulle amélioration n'est possible, en période capitaliste, seule la conquête du pouvoir politique réalisera l'émancipation du travailleur. De sorte que les efforts se sont tendus vers la conquête du pouvoir, l'action, dans l'usine, dans l'atelier, contre le patron, sur le terrain économique étant jugée impuissante.

Depuis plus de vingt ans le tisseur a été bercé au son de la musique électorale, tandis que le patron, plus pratique, s'attachait à tirer de l'ouvrier un plus grand rendement pour un moindre salaire. Aussi la situation du producteur s'est-elle aggravée ! Il n'en pouvait être autrement; le patron ne rencontrant pas ou peu de résistance parmi son personnel pouvait se livrer à une exploitation forcenée.

Sous l'influence de la Confédération Générale du Travail dont les luttes éveillaient chez les travailleurs de cette région des sentiments de colère et d'espoir, il y a eu parmi eux des velléités d'indépendance à l'égard du Parti socialiste. Celui-ci s'en est rendu compte. Ses militants, dociles aux ordres du Parti — certains n'ayant rencontré que déceptions et désillusions amères dans la vie électorale — se sont dépensés et il y a eu de ce fait recrudescence d'activité syndicale. Mais il est à craindre que venue trop tard cette action ne puisse réagir et faire œuvre efficace. C'est que dans le tissage les méfaits — méfaits dans la société présente — du machinisme sont incorporés au mode de production dans un état de développement très accentué ; pour le réduire un effort considérable est nécessaire. De cet effort les tisseurs aujourd'hui sont incapables. La raison en est évidente ! C'est que le machinisme dans son perfectionnement quotidien a précédé l'organisation, la lutte syndicale. Celles-ci créées, fortifiées il y a vingt ans, auraient pu pallier à bien des difficultés et préparer sur la machine une action plus grande de la part des ouvriers afin d'en régulariser ou d'en adoucir les conséquences.

Cette restriction n'est par particulière au tisseur du Nord de la France, elle est la même partout : à Elbeuf, à Troyes, à Roanne, à Lyon, etc. Notez que dans ces dernières contrées l'influence du citoyen Guesde y a dominé ou y domine encore. Notez également qu'à Cholet, à Laval, à Flers, à Condé-sur-Noireau, etc., il y a un état de choses identique; là, règne, domine le prêtre. Curieux rapprochement ! Et comme on s'explique que qu'aujourd'hui dans le Parti socialiste politiciens et prêtres se rencontrent. Leurs méthodes de « travail » ont bien des points de ressemblance.

La misère, le travail démoralisant de l'usine, la quasi-certitude que le tisseur a de son impuissance, alliés à ses habitudes de soumission, à son manque de pratique de la lutte, au climat du pays, à ses mœurs, au spectacle qu'il a sous ses yeux, à l'atmosphère dans laquelle il passe sa vie, déterminent chez notre prolétaire une mentalité particulière. Il est la victime gémissant sourdement sur son sort, exhalant des plaintes, convaincu de l'inutilité de son effort dont il n'a jamais essayé la valeur, imprégné de cette parole décourageante : il n'y a rien à faire ! Porté par tout ce qu'il voit et qu'il sent à laisser s'écouler sa vie dans un cadre monotone et désespérant, il eût fallu, à côté du tisseur, des militants qui le stimulent, l'entraînent à la lutte, créent autour de lui une vie agissante, remuante; il a rencontré au contraire des hommes qui ont accentué ses dispositions naturelles, lui ont recommandé l'inaction, en lui prêchant la stérilité de l'action pour lui inculquer une soumission résignée et une obéissance passive.

Chez les mineurs la misère est moins grande, on peut même dire que l'ouvrier de la mine est un privilégié si on compare sa situation à celle du tisseur. Il ne connaît pas le chômage, et son salaire quotidien est plus élevé ; il est toujours le double. Vous allez vous demander comment se concilie sa soumission semblable à celle du tisseur avec sa situation qui est différente ! Là, résident des causes fort compliquées, enchevêtrées même, et je me garderai bien de prétendre les connaître toutes. Je dirai simplement que les périodes de révolte sont plus fréquentes chez les mineurs que chez les tisseurs ; elles prennent cependant le même aspect : à Armentières, en 1903, les magasins furent envahis par les grévistes, les marchandises fabriquées par eux furent jetées dans la rue, c'était l'ouvrier voulant supprimer la production de son travail et que son instinct poussait à détruire pour détruire le bénéfice du patron que son labeur avait créé; à Lens, en 1906, c'est le gréviste exaspéré par la criminelle rapacité de la Compagnie minière et qui matérialisait sa colère par la destruction de la demeure de son directeur.

Néanmoins, si la grande partie de la classe ouvrière est sous l'influence des hommes politiques, il faut reconnaître que nombreux ont été les travailleurs désireux d'échapper à leur tutelle. Ceux-là s'efforçaient d'ouvrir les yeux de leurs camarades, de leur communiquer leur ardeur. Mais ils durent abandonner la lutte, quitter la région parce que s'abattaient sur eux la main du patron et du politicien. Boycottés par le patronat, par le Parti, ils étaient contraints de s'éloigner.

A Lille, à Roubaix, malheur à l'ouvrier clairvoyant qui veut connaître et savoir et qui ayant appris veut apporter dans les discussions ou dans les luttes sa pensée et son effort. Il saura ce qu'il en coûte de porter atteinte à l'orthodoxie politicienne.

Il est juste d'ajouter que bien de ces militants obéissant à leur naturel, manquaient d'habileté, leur opposition contre des pratiques de tous points semblables à celles de nos capitalistes était maladroite, tâtillonne, énervante, donnant prise auprès de la masse à la critique des politiciens.

Jusqu'à ce jour, pareille opposition n'a pas donné de grands résultats. Il y a une fatigue, une lassitude parmi les travailleurs du Nord qui par moments trouvent trop pesante la domination politicienne ; mais fatigue ou lassitude ne se traduisent que par des grognements. Viendra-t-il des militants souples, habiles, sachant, sans heurter la masse, exprimer ses désirs, coordonner ses pensées, stimuler sa colère, lui donner forme et force ? C'est certain. Leur tâche sera délicate, non impossible. Car il y a parmi cette population des trésors de vigueur et d'élans. Il faudra les fortifier et les développer. A cette condition, il y a plus à attendre de cette classe ouvrière du Nord de la France, que celle des régions indiquées plus haut. Le contraste entre elles est frappant. Au Nord il faudrait les qualités « entraînantes » du Midi. A celui-ci il faudrait les qualités « endurantes » du Nord. Je n'ose souhaiter un pareil amalgame !

Bonds de retardataires
Repos réparateur

Je songeais également à la Bretagne, à sa population ouvrière, qui tard venue au syndicalisme a voulu par bonds se placer au niveau des régions les mieux entraînées. Les bonds ont été rapides, accélérés ; sans retenue les Bretons se sont lancés dans la lutte, se préoccupant trop peu de la masse placée naturellement derrière eux et à mesure que celle-ci restait sur place, ils donnaient libre cours à leur obstination, à leur entêtement naturels. La fatigue devait inévitablement résulter d'un pareil état de choses. L'ardente foi, touchant le mysticisme, qui animait les Bretons, s'est amoindrie, pour laisser place à un état de maturité et de consistance exigeant un long temps de repos. Aujourd'hui la Bretagne ouvrière se recueille, panse ses blessures. Le silence dans lequel elle est plongée est coupé par des soubresauts et des éclairs. Ce sont les sardiniers, peu touchés par le grand mouvement d'idées qui convulsa ces dernières années la Bretagne. Il n'est donc pas étonnant qu'aujourd'hui cette corporation jette une note claironnante au milieu du silence breton.

Ce repos me paraît nécessaire à condition toutefois que les militants en comprennent la signification et préparent des éléments et des conditions de recrutement pour le jour du réveil.

La Bretagne, dans la partie la plus rapprochée de nous, a une situation meilleure, c'est sans doute dû à ce que les populations qui l'habitent ont précédé dans l'organisation ouvrière les autres parties bretonnes:

Morbihan, Finistère. Cette ancienneté l'a tenue en dehors des soubresauts indiqués plus haut. Aussi, y peut-on constater une lutte permanente dont les effets sont appréciables. En Ille-et-Vilaine, se trouve Fougères comptant plus de huit mille travailleurs occupés dans la chaussure. Depuis le lock-out de 1906, les syndicats : coupeurs et cordonniers, déjà importants, ont exercé une action considérable dont les patrons sont fort inquiets.

Rennes, qui longtemps resta plongée dans une inactivité quasi-générale, présente des changements. Ils sont dus à l'organisation du bâtiment qui, là comme partout, a considérablement grandi. C'est qu'il y a dans ce pays un essor prodigieux vers le groupement parmi les travailleurs de cette industrie, essor qui résulte du mouvement de 1906 parmi les syndicats parisiens. Depuis, on n'a pas cessé d'enregistrer des progrès. Ce mouvement, en particulier parmi les maçons, « déclancha » les autres corporations de Paris et celles de province. Le nombre des organisations s'est accru; celles qui existaient à la date indiquée ont vu grossir leurs effectifs. De cet accroissement est sorti le besoin, violemment ressenti, de posséder un organisme national. Rapidement créé, il s'est rapidement développé. Trop à mon gré. Pour parler un langage trivial, je dirais qu'il a fallu ouvrir des rayons nouveaux avant que ceux installés la veille fussent mis en marche. D'où doit résulter une confusion, un trouble, alors que la clarté s'impose au fur et à mesure que l'extension grandit, grandissant naturellement les responsabilités.

On comprend que plus un rouage est compliqué, plus il est malaisé d'en saisir tous les organes dans leur constitution et dans leur fonctionnement. Faute de cela, il y a frottement, usure. Un organisme ouvrier est un rouage dont chacun doit connaître le mécanisme, le posséder dans son cerveau pour en surveiller et en régler la marche. Un accroissement plus lent et plus profond eût été préférable. Sa rapidité a suscité des espoirs qui, s'ils ne se réalisent pas, jetteront la déception voisine de l'indifférence. Là, sera l'écueil, si on n'y prend garde.

Six mois après la constitution de la Fédération nationale du Bâtiment, je disais : « Trop vite, trop rapide. » Aujourd'hui, plus fortement qu'alors, je répète: « Trop rapide, trop de responsabilités incombant dans un trop court délai, si la griserie du succès éteint l'esprit de prévoyance et de clairvoyance. »

Patronat puissant
Prolétariat désarmé

L'Est me revenait à l'esprit. Cette région si industrielle, placée entre les souvenirs d'un passé meurtrier venant exaspérer un patriotisme en déclin, et les besoins créés par le développement prodigieux d'un industrialisme envahissant. Les Vosges encombrées de tisseurs que la propagande syndicale n'a pu galvaniser pour en faire surgir un mouvement profond et vivace. A l'abri des haines de l'ennemi, s'est constituée une bourgeoisie dont la puissance est colossale. En face d'elle se dessine une vague action syndicale marquée par quelques révoltes, au lendemain desquelles reparaît un calme profond. Ça été les grèves d'Etival, de Fraize-Plainfaing, de Raon. Ont-elles jeté parmi la population vosgienne des éléments de propagande et d'action ? C'est douteux. Car depuis c'est le silence complet. Cette population est la seule de ce pays qui très développée industriellement n'ait jamais eu des rapports intimes et directs avec le mouvement confédéral. La Fédération nationale textile a bien des ramifications dans ce département, mais trop floue, trop hésitante, elle ne parviendra pas à communiquer à une région où tout est à créer, une impulsion qui ferait des Vosges une contrée de lutte et un foyer d'agitation. Il faut reconnaître que ce coin du pays a toujours été pauvre de militants. Les quelques camarades qui se sont révélés des lutteurs se débattant dans un milieu foncièrement hostile, ont manqué d'appui, d'où l'obligation pour eux de se taire ou de s'éloigner. Les hommes qui ont exercé une action réelle ne l'ont pu que grâce à une indépendance matérielle et puis parce qu'ils se livraient à cette propagande dépourvue de tout idéal, de tout élan qui est le propre du syndicalisme légalitaire pratiqué sous l'œil bienveillant du gouvernement et dont celui-ci vante à tout instant le mérite et la vertu.

A côté on rencontre un centre encore plus important au point de vue industriel : la Meurthe-et-Moselle. Ce département, par ses richesses naturelles en minerai, sera demain le maître de la production métallurgiste, c'est dire l'intérêt qu'il y a pour le mouvement ouvrier à ce qu'un fort mouvement syndical s'y établisse. Pour cela, tout est à faire. Des organisations qui donnèrent naissance au grand mouvement gréviste de 1905, il ne reste rien. La lutte s'y poursuivit, énergique de la part des ouvriers, tenace de la part du patronat. Celui-ci triompha. Il avait pour lui la puissance économique et la puissance politique. Ministres, fonctionnaires, magistrats, parlementaires étaient à sa discrétion. Il avait aussi pour lui l'inexpérience des travailleurs et la maladresse de certains militants. Ces derniers portent une large part de responsabilité. L'un d'eux n'estimait-il pas que le fait d'uriner le long d'un mur, acte pour lequel on encourt une contravention, rentrait dans le cadre de l'action syndicale.

L'Union fédérale de la métallurgie s'était attachée il y a plusieurs années, à fortifier le groupement syndical dans cette région, elle avait en 1905 décidé la création d'un secrétariat régional siégeant à Nancy. C'est à ce moment que s'accentue la débâcle. Moins de deux ans après, le mouvement qui comptait pour la

Métallurgie, en dehors de Nancy, 3.000 syndiqués environ, n'en comprend plus une centaine. Devant ce résultat, la Fédération métallurgiste supprima le bureau régional. Depuis elle a fait de légères tentatives, qui ont avorté. Il est vrai que cette organisation s'attachait à servir de terrain de manœuvre pour des volte-faces et des cabrioles et que retenue par cette « gymnastique » spéciale elle ne pouvait s'adonner à une œuvre de reconstitution et de relèvement.

Maintenant que l'unité fédérale dans la métallurgie est un fait accompli, il y a lieu d'escompter des essais sérieux en vue de reformer un mouvement syndical dans tout le bassin de Longwy. On peut même dire que le développement fédéral est lié à ces essais. Plus bas, en Franche-Comté, en passant par Belfort, la vie syndicale est peu développée et cependant la puissance industrielle y est considérable. Sauf quelques mouvements parmi les horlogers de Besançon cette région n'a vu aucun conflit depuis celui de 1899. C'est ce conflit qui vit la tentative d'exode vers Paris commencée par les grévistes des usines Japy, exode qui fut arrêté peu de temps après.

Et cependant, ce coin de l'Est possède une grande activité industrielle; à Belfort, s'y heurtent des milliers de tisseurs dont l'action est nulle; dans le Doubs, il y a les importantes usines Japy comprenant plusieurs milliers d'ouvriers qui, à eux seuls, seraient en mesure de former un mouvement puissant, véritable entraîneur pour les autres centres de métallurgie comme Fraisans et pour les autres corporations. Son influence pourrait se répercuter parmi les ouvriers en métaux, si nombreux dans la Haute-Marne où, pour ces catégories de travailleurs, tout est à faire. Elle irait se répercuter jusqu'à la Côte-d'Or, ce département riche en vignobles mais si pauvre en activité ouvrière. Dijon, qui commande ce département, compte un prolétariat nombreux. Mais à quoi sert d'être nombreux si nulle action n'en résulte!

Là une municipalité socialiste siégea à l'Hôtel de Ville pendant quatre ans ! Qui oserait affirmer qu'il s'en est suivi une extension du mouvement syndical ? Il semble que l'organisation syndicale est sortie plus affaiblie de l'aventure électorale.

Le jour où, dans l'Est, allant de la Meurthe-et-Moselle au département du Doubs pour revenir sur l'Aube et sur la Côte-d'Or, existera un fort mouvement ouvrier avec ses centres : Nancy, Belfort, Besançon, Troyes, Chaumont et Dijon, un grand progrès sera réalisé. Nancy, il y a deux ans, avait revêtu un caractère intéressant, un réveil ouvrier s'était manifesté. Par elle, il devenait possible de rappeler à la vie syndicale les bassins miniers et les centres métallurgistes lorrains. Mais le lendemain a été pénible. Un affaissement est survenu qui a pris des proportions inquiétantes. Il est dû à des procédés étrangers à l'action syndicale et dont on a usé sous son couvert. Sous le cri : « Pas de politique », se cachaient des préoccupations frisant le chantage électoral. Aujourd'hui, dans cette ville, la besogne est à recommencer.

Les ouvriers de la chaussure, qui sont l'âme de ce relèvement, voient en cette qualité croître leurs difficultés par suite d'une lutte constante qu'il leur faut exercer sur le terrain corporatif. Si le syndicat de la chaussure disparaissait ou perdait ses meilleurs militants, le patronat serait rassuré pour une certaine période.

Des centres de rayonnement
De leur nécessité

Dans la région lyonnaise, grenobloise, la situation est médiocre ; là aussi la politique fait ses ravages. Après une période de décroissance due à des divisions provoquées par les influences des partis, Lyon se reforme, les syndicats reprennent pied, et la vie ouvrière s'accroît, le foyer qu'est Lyon s'anime à nouveau. Il me faut souhaiter que la dernière crise politicienne y soit la dernière. Mais je crains fort que pareil souhait ne soit pas réalisé. Ce serait cependant désirable. Lyon, à mes yeux, est trop important par son commerce, par son industrie, pour ne pas désirer dans l'intérêt du mouvement ouvrier de ce pays, voir cette ville constituer un centre de propagande, vrai centre de rayonnement pour toute une région jouant un grand rôle économique.

L'action révolutionnaire du prolétariat exige pour sa croissance et pour son extension un vaste réseau formé de groupements disséminés, rattachés par des liens naturels à des centres mieux placés par leur situation géographique et dont l'influence s'exerce et se répand loin autour d'eux. Lyon peut et doit être un de ces centres. Il commande à tout un bassin possédant une industrie en pleine force, il est à proximité de cités ouvrières très actives ; autour de lui s'agitent des puissances économiques dépendantes les unes des autres ou ayant des points de contact communs. Tout contribue pour que cette région alimente une vie syndicale intense, profonde, dont les manifestations peuvent être de chaque jour. Lyon doit donc être un point de ralliement d'où peut partir une impulsion et un élan se répercutant sur des centaines de mille de travailleurs. Toute la Loire est à ses portes: Saint-Etienne mineur et tisseur, Roanne pleine de tissages, les cités ouvrières et métallurgiques si nombreuses qui s'enchevêtrent sont à ses côtés, l'Isère dont l'avenir industriel se dessine à peine par l'emploi qu'il réserve de la houille blanche est tout près. Déjà dans ce département les centres ouvriers y sont nombreux. Voiron, Moirans, Vienne, Vizille, aux grandes usines de soieries et de tissages, Domène, Brignoud, Poncharra aux papeteries toujours en mouvement, Bourgoin, Vizille aux ateliers métallurgistes, Grenoble, qui compte des milliers d'ouvriers dans la peausserie, dans la ganterie, dans la métallurgie, Morestel, Les Avenières, Izeaux, aux fabriques de chaussures. Et j'en passe !

Il fut un moment, il y a huit ou dix ans, où Lyon eut l'ambition d'être un centre attirant et agissant. On avait l'impression qu'il voulait devenir un foyer vivant pour toute la région. Mais au lieu de se cantonner dans un domaine facile à déterminer, il vit grand, il voulut supplanter Paris. C'était une faute. Puis vinrent les divisions d'ordre politique : les compétitions électorales y étaient nombreuses ; il y eut même des marchandages. Certains hommes voulurent exercer un chantage sur des personnalités politiques pour en tirer des subsides personnels. Ces derniers ne furent pas dupes et comme les malpropretés se commettaient sous le couvert du mouvement syndical elles frappèrent celui-ci. Aujourd'hui les passions sont éteintes, les adversaires aux prises ont disparu. C'est un bien !

Grenoble a été pendant une courte période un centre très actif. Mais son activité déplaisait au Parti socialiste dont les états de service sont représentés par les deux députés grenoblois, MM. Zévaès et Cornand, socialistes unifiés hier, indépendants aujourd'hui. Sous l'action dissolvante de ces derniers et du Parti, les syndicats ont périclité. Cette crise de décroissance se prolonge depuis plus d'un an. Quand prendra-t-elle fin ?...

Course vagabonde
Action incohérente

Plus bas encore c'est la Provence au soleil qui apaise et qui dore les misères du jour. Marseille la pare, Marseille, ville cosmopolite où se forme un mélange de races, exerçant sur les rapports entre les hommes et entre les classes une influence mauvaise.

La lutte ouvrière y est difficile, ardue, la vie est comme une fournaise qui fait sursauter dans une course sans arrêt. L'ouvrier passe dans l'organisation, il n'y stationne pas. Si au passage il est pris, retenu par un effort qui s'offre, il se donne, pour disparaître ensuite. A Marseille, il y a des organisations, je dois dire des cadres, il y a un mouvement ouvrier pétillant, mais peu profond ; il y a les inconvénients propres aux grandes villes : au sortir de l'usine la dispersion entière du personnel ; celui-ci se rencontre à l'atelier, pas ailleurs. Et cependant Marseille est la ville dans laquelle se sont agitées les solidarités les plus effectives ; les soubresauts et les conflits s'y sont multipliés. Il est vrai que Marseille le doit à son port. Les marins continuent leur mouvement revendicatif avec ténacité ; les combats soutenus par eux sont connus. Je n'insiste pas.

Cependant, remarquons ensemble que leur action est pleine d'élan et de vigueur. Les armateurs ont en face d'eux un personnel énergique et résolu; les dockers, depuis le lock-out de 1904, ont vu disparaître leur organisation qui fut, les années précédentes, si forte et si active. Aujourd'hui, le syndicat vit grâce aux sacrifices d'une poignée d'hommes. Reverra-t-on bientôt les grèves victorieuses de 1902, 1903 ?... Dans ce cas, il serait indispensable que nos camarades apportent dans leur action plus d'intelligence et de méthode. Car la situation présente est due à leurs fautes. Ils ne m'en voudront pas de les indiquer. Je suis un des rares militants qui considèrent que mieux vaut l'insuccès que l'inaction et, par conséquent, j'estime qu'ils n'ont pas trop combattu. Mais ils ont lutté souvent sans motifs plausibles, sans raisons justifiées. Ils ne sont pas les seuls. Les dockers, en général, sont portés à commettre les mêmes fautes. Ceux de Nantes, en particulier, en subissent les conséquence. Car leur organisation a complètement disparu depuis la grève de 1907.

A Marseille, sur les quais, il y avait, par chantier,

un délégué désigné par le syndicat. Ce délégué devait surveiller l'application des conditions de travail convenues entre patrons et ouvriers; il surveillait l'embauchage, la carte de syndiqué était nécessaire. Il avait un pouvoir... grand, trop grand. Pour un rien..., je dis pour un rien, souvent ce délégué lançait, en plein travail, un coup de sifflet. C'était le signal.. ; chacun devait cesser le chantier..., c'était la grève... Pourquoi ? Tout le monde l'ignorait: patron et ouvriers.

A Nantes — je le tiens des militants qui, dans la grève, furent les plus résolus — on agissait de la façon suivante: un homme arrivait pour commencer le travail, dans un état d'ébriété complète, puant le vin ou l'alcool. Le contremaître, estimant que cet ouvrier était incapable de se livrer à une besogne utile, le priait de quitter le chantier, lui conseillant le repos. C'était naturel, direz-vous ! Vous estimerez, comme moi, que l'alcoolique est un grand adversaire de l'ouvrier, et que, ivre, sa présence n'est pas dans un atelier ou sur un chantier ! Naturellement, le docker ne partageait pas l'avis du contremaître. L'invitation était vertement relevée et une menace ne tardait pas. Ah ! disait-il, vous ne voulez pas que je travaille, vous me congédiez, c'est que vous voulez la grève !... Et, de fait, aussitôt le chantier était déserté.

Ces faits, souvent renouvelés, devaient immanquablement avoir une fin. Les entrepreneurs, lassés, énervés, voulurent, pour que cessent de telles pratiques, recourir à une grande lutte dans laquelle chacun jouerait son « va-tout ». A Marseille, ce fut un lock-out ; à Nantes, ce fut l'acceptation entière de la lutte engagée sur un chantier. Ici et là la résistance fut acharnée; ce fut, pour les dockers, la défaite complète.

Il faut convenir, et je l'ai souvent déclaré à des camarades dockers, que de tels faits ne peuvent fortifier le mouvement; au contraire, ils sont nuisibles.

Fédération d'industrie

Milieux artificiels

C'est sur les rives méditerranéennes que sont situés les grands chantiers de construction maritime de La Seyne et de la Ciotat. Plusieurs milliers de travailleurs y sont occupés, et cependant il n'y a pas d'organisation. Rarement les militants y sont appelés. Et c'est bien regrettable, car la construction maritime joue un grand rôle. Les ouvriers qui l'assurent étant tous agglomérés, il devrait résulter une certaine facilité pour la création de groupements puissants. Il est vrai qu'en aucun moment on ne s'est attaché, d'une façon particulière, à une propagande parmi cette catégorie de travailleurs. Il eût fallu se donner comme objectif : la constitution d'une Fédération d'industrie de la construction maritime, avec une base d'action commune, définie, susceptible d'encadrer les forces ouvrières la composant: mécaniciens, forgerons, charpentiers en bois et en fer, menuisiers, peintres, etc...

La faute en est à une méconnaissance absolue qu'ont les militants des conditions qui doivent déterminer le recrutement et la formation d'une Fédération nationale d'industrie. On devrait, le plus souvent, prendre pour base de recrutement l'objet pour la création duquel concourent des corporations : le bâtiment, le navire, le livre, les chemins de fer, le verre, la voiture. On fait le contraire en bien des cas. On prend alors comme base la matière employée: le métal. Il s'ensuit l'impossibilité totale pour l'organisation ayant cette base de créer une action offensive. Sur quoi reposerait, en effet, une action offensive ?

Tout le long de Côte d'Azur il n'y a pas d'industrie; les seules corporations en mesure de former des

groupements sérieux, c'est-à-dire dont l'action
s'exerce pour le développement ou l'arrêt de la vie
locale, appartiennent au bâtiment. Il y a, dans nos
villes balnéaires, une extension croissante, chacune
d'elles marchant à la recherche de la perfection, dans
le confort, le luxe, le plaisir, qui exige la présence et
l'emploi de quantités importantes d'ouvriers du bâtiment.

Là, l'organisation syndicale suit des courbes fort
accusées, les conflits conservent le plus souvent une
forme très limitée. Seule Nice a été, à plusieurs re-
prises, le théâtre d'événements économiques d'un
certain intérêt. Même dans ces circonstances, la base
du mouvement manquait d'étendue. C'est que sur
toute cette côte, le travailleur finit par s'imprégner
des conditions spéciales propres à ces villes mondai-
nes; il en prend, le plus souvent, tous les défauts.

Petites choses, grands effets

Les travailleurs de l'État

Toulon est la seule ville, le long de la mer, qui, au
point de vue syndical, soit à même de jouer un rôle
assez important. Elle le doit à l'arsenal maritime qui
compte plus de six mille ouvriers. Un syndicat formé
de ces salariés fonctionne depuis une dizaine d'années. Ses états de services sont nombreux. Il contribue, à lui seul, à alimenter la vie locale dans des
proportions sensiblement égales à celles des autres
organisations réunies. La Bourse du Travail de Toulon, qui a pour secrétaire un réformiste, a toujours
manqué d'esprit combatif ; elle n'a dépensé un peu
d'activité que lorsque le syndicat de l'arsenal forma
une Union de syndicats dissidente. Cette « concur-
rente » obligea la Bourse, et surtout son secrétaire,
à sortir de l'inaction pour se lancer dans une propa-

gande plus remuante. Le curieux réside dans l'attitude du secrétaire qui, quoique réformiste, est un adversaire acharné de la représentation proportionnelle. Il veut, dans l'administration de la Bourse du Travail, le vote par syndicat, car avec le vote proportionnel, le syndicat de l'arsenal aurait plus de voix que tous les autres ensemble. Ce syndicat serait le maître, et son premier acte serait de « débarquer » notre secrétaire, qu'il qualifie de rond de cuir. Le syndicat de l'arsenal prétend que le secrétaire a créé des organisations squelettes afin de s'entourer d'amis fidèles; il ajoute que nombreuses sont celles qui ne comptent qu'un ou deux membres. A-t-il raison ? C'est possible.

Les organisations qui s'agitent dans la Bourse du travail de Toulon sont également hostiles à la représentation proportionnelle; non parce que ce mode de représentation est mauvais en soi, mais parce que le syndicat de l'arsenal leur déplaît. En effet, à Toulon comme à Brest, à Lorient, à Cherbourg, à Rochefort, ports maritimes, existe une certaine dualité entre l'ouvrier de l'arsenal et le travailleur de l'industrie privée. La situation du premier est jugée privilégiée par le second. Elle lui paraît ainsi parce que l'ouvrier de l'Etat jouit d'un travail régulier, d'un salaire fixe qui jamais ne descend, et à un âge relativement jeune d'une retraite appréciable; ses journées sont plus courtes, sa besogne peu accablante. Le travailleur de l'arsenal prend le travail le matin à 7 heures et le quitte le soir à cinq. Il a eu, au moment du repos, une suspension de deux heures. Après la journée, il est de ces salariés de l'Etat qui vont compléter leur salaire en faisant un couple d'heures chez un patron de la ville. Les uns rasent, d'autres font de la menuiserie, de la chaussure, etc. Et le travail qu'ils font ainsi est enlevé à l'ouvrier qui, lui, n'a rien, ni sécurité, ni salaire régulier, ni courte journée, ni perspective d'une retraite. Contre cette déplorable façon de pratiquer de la part de certains ouvriers de l'arsenal — ils sont d'ailleurs la minorité — les syndicats des ports se sont élevés, ils ont réprouvé toute besogne accomplie en dehors de l'arsenal, mais il leur est matériellement impossible de contrôler chaque jour tout le personnel.

Et malgré les réprobations publiques, les travailleurs de l'industrie privée font peser sur le syndicat de l'arsenal la responsabilité d'un semblable état de choses. D'où une source de conflits locaux dont Toulon aura eu une large part.

On conçoit aisément que de tels conflits se fassent sentir sur l'ensemble du mouvement local. Il faut cependant reconnaître que les ouvriers de l'industrie privée, en se tenant éloignés de l'organisation, mettent celle-ci dans l'impossibilité de réagir en édictant des conditions de travail qui tiendraient les salariés de l'Etat éloignés de leurs ateliers.

Sur ces menus faits, sur les réclamations qu'ils entraînent, se greffent des faits plus importants, promettant, pour demain, des conflits d'une autre nature. J'ai entendu, à Toulon, des militants — parmi eux, des ouvriers de l'arsenal — déclarer que les organisations particulières d'ouvriers de l'Etat n'avaient pas de raison d'être, que demain leur existence présenterait de graves dangers pour l'ensemble de la classe ouvrière. Que le mieux était que les travailleurs de l'Etat rentrassent dans les syndicats similaires de l'industrie privée. Ainsi, les métallurgistes rentrant au syndicat local de la métallurgie; les peintres dans celui des peintres; les employés dans celui des employés. De la sorte, le prolétariat ne serait plus morcelé, partagé, coupé en prolétariat administratif et en prolétariat industriel et commercial.

Jusqu'à quel point pareille thèse est-elle soutenable ? Et en admettant que demain le prolétariat soit coupé, divisé, comme conséquence de l'attitude respective de la classe ouvrière et des dirigeants, s'ensuit-il qu'il soit possible, rationnel, de confondre dans la même organisation ouvriers de l'Etat et ouvriers industriels ? Difficile problème. Avoir des craintes, les prévoir, les annoncer, n'est pas le résoudre. Ce que je crois, en ce qui me concerne, c'est que le régime de paix sociale qu'il nous faut traverser à certaines périodes, nous crée d'énormes difficultés. Pour y faire face, quelle attitude prendre ? nous intéresser aux luttes auxquelles sont astreints les salariés de l'Etat, nous y mêler s'ils le demandent, suivre leurs efforts, enregistrer leurs succès en sympathiques, non en jaloux, *ou* nous efforcer de les attirer à nous, dans nos syndicats, au risque de voir nos appels sans échos.

Pour ma part, je me borne à demander aux serviteurs de l'Etat, en venant dans nos organisations centrales, de ne pas oublier qu'entre leur patron et le nôtre il y a, quoi qu'on dise, des différences. Ils sont les salariés d'une *institution* à forme démocratique, nous sommes les producteurs travaillant pour un *patron* dont l'exploitation industrielle ou commerciale est de forme et de fond autocratique; qu'ils doivent tendre à ne pas alourdir ou obscurcir notre marche en voulant y introduire des pratiques incompatibles avec nos instincts de lutte et nos traditions.

En émettant à cette place, à la suite des déclarations de militants toulonnais, ma propre pensée, je n'ai pas voulu m'adresser aux ouvriers de l'arsenal de Toulon. Ils seront, j'en suis convaincu, — s'ils doivent en arriver là un jour, — les derniers à justifier mes réflexions. C'est dire, par conséquent, qu'ils se placent en dehors de toutes les appréciations ci-dessus.

L'ardeur juvénile dont firent preuve, de 1902 à 1905, date de la grève générale des arsenaux, les ouvriers des ports maritimes, s'est un peu ralentie, un tassement s'est opéré. S'il a pour objet de préparer une nouvelle période de croissance, tant mieux!

Milieux agricoles
Centres stériles

En reculant on arrive au pays de la vigne, au milieu de plaines aboutissant aux premiers contreforts des Cévennes. C'est partout des ceps, aussi loin que l'œil peut percevoir et distinguer. Là, on rencontre le véritable prolétariat agricole, aggloméré par villages d'importance variable. Dans son sein il y a bien le vigneron propriétaire d'une parcelle de vigne; dans certaines parties du Midi vignoble, ce vigneron n'est pas rare. Mais celui-là doit, comme le « sans propriété », courir à la recherche d'une occupation quotidienne pour y trouver un salaire indispensable. Pour celui-là, la récolte de la parcelle de vigne est un appoint venant grossir le gain réalisé par le travail vendu au grand propriétaire.

Les salariés agricole dans cette partie de la France se comptaient par milliers. J'appris à les connaître lors des grèves de décembre 1904. Je passais au milieu d'eux de longues heures. Ces grèves surgissaient au lendemain d'une éclosion rapide de groupements syndicaux. C'est en 1902, au Congrès de Montpellier, qu'apparurent les premières organisations agricoles. Il y avait eu dans les Pyrénées-Orientales en 1900, 1901, une fédération agricole comprenant quelques syndicats, mais on ne peut lui rattacher la création du mouvement paysan parmi les vignerons. Elle adhérait à la Confédération générale du travail. Elle disparut en 1902.

Peu après le Congrès de Montpellier, il se crée une fédération agricole dans l'arrondissement de Béziers, véritable marché des vins. Par la suite, elle élargit son rayon d'action pour devenir la Fédération des Syndicats agricoles du Midi. Il y eut dans un court délai des créations multiples de syndicats; leur nombre s'éleva à une centaine. Les paysans, déjà conquis aux idées démocratiques se lancèrent à corps perdu dans l'action syndicale. La grève devint inévitable; elle éclata comme il est dit plus haut, fin 1904.

Depuis, la mévente est venue; le chômage en a été la conséquence. Pouvait-on réclamer au propriétaire puisque le travail faisait défaut? Non. Le récoltant n'avait nul besoin du travail du vigneron. Il ne fallait pas songer à le vendre plus cher. Avec la crise vint l'agitation viticole de 1907. Ensemble, propriétaires salariés parcoururent les routes à l'appel du « rédempteur » vigneron. Les démonstrations monstres de Montpellier, Narbonne, Nîmes, Perpignan, Carcassonne, virent les adversaires de la veille se donner la main pour défendre la vigne et son produit.

Cette collaboration porta atteinte à l'organisation, puisqu'elle obscurcissait les oppositions d'hier. Les vignerons désertèrent le syndicat pour aller à la Confédération vigneronne. Mais, vinrent les vendanges et l'hiver de 1907: le concours du prolétaire fut oublié par le grand propriétaire, les promesses faites pour l'obtenir ne furent pas tenues. A ce moment, le paysan comprit qu'on s'était moqué de lui. Et petit à petit, il est revenu à l'organisation de classe, cette organisation que dans le plus fort de la tourmente n'avaient pas déserté les militants les meilleurs.

La persévérance n'est pas la qualité dominante de l'habitant de cette région agricole. Capable d'un grand élan, d'un grand effort, il ne peut se dépenser dans un combat de longue durée. Il est surtout la victime et la dupe des fictions démocratiques, ce qui rend malaisée la tâche des hommes conscients et résolus. D'ailleurs, nos paysans sont isolés; ils n'ont pas à leur portée, tout près pour s'appuyer, pour s'inspirer des centres actifs, importants, pleins de vie. Sur ces hommes, avides de mouvement, on répandait le bavardage des universités populaires, ou le mielleux langage du politicien. A Montpellier, qu'y a-t-il ? des facultés et non des foyers de lutte ; des pions, et non des combattants. Les syndicats y sont inexistants. Les quelques éléments de lutte qui y séjournent n'ont reçu aucune utilisation. A Narbonne, qu'y a-t-il ? une municipalité socialiste plus préoccupée de gestion que d'action ouvrière. C'est cette municipalité qui depuis de longues années n'a pu parvenir à donner aux syndicats un asile. La Bourse du travail est installée à la mairie; elle y a un bureau de 50 mètres carrés, contigu à celui du commissaire de police. Une légère cloison les sépare. Je ne récrimine pas, estimant que pour être forts, les syndicats ne doivent rien solliciter des municipalités, ni en subsides, ni en immeubles. Je constate que devant des syndicats qui n'ont cessé de réclamer plus de place, plus d'espace, les socialistes sont restés silencieux. Ils considèrent comme à l'ordinaire, que point n'est besoin de lutter contre le patronat, du moment qu'un « camarade » est à la mairie.

Exemple d'activité syndicale

Indépendance syndicale

Le Cher est un département plein de traditions révolutionnaires; il a une histoire. Depuis des années, jamais son activité ne s'est ralentie. Bourges, qui possède une industrie moyenne, est remplie d'une vie syndicale en plein fonctionnement. Elle déborde au loin, et il est peu de coins de la région qui n'aient reçu la visite d'un camarade de la Bourse du travail de Bourges. Le Cher compte dans sa population les travailleurs des bois, hommes silencieux qui, dans le calme le plus serein, commettent les actes les plus hardis. Leur ténacité, leur persévérance sont extrêmes. Ils sont d'une nature opposée à ceux de leurs camarades paysans, les vignerons du Midi. Les marchands de bois ont en eux de rudes adversaires. 1893 vit leur première organisation et leurs premières grèves. Après c'est le silence, le recueillement jusqu'en 1902. A ce moment la Bourse du travail de Bourges, sur la prière de la C. G. T., tente la création d'une Fédération bûcheronne qui comprendra quelques syndicats de formation récente. Elle est constituée, et va de suite à la C. G. T. Depuis ce mouvement, la lutte se poursuit ; chaque année, au moment de la distribution des coupes de bois, le syndicat fait sentir sa force et il veille à la sauvegarde des intérêts bûcherons. Les ouvriers le savent, et ils aiment leur organisation.

Les modes de travail chez les bûcherons du Cher se distinguent de ceux pratiqués ailleurs. Là, les coupes de bois se font en commandite dans bien des communes. Voici comment on opère. A l'entrée de l'hiver le marchand de bois établit la superficie et l'importance des coupes. Puis il s'adresse au syndicat qui, par l'intermédiaire de son bureau, fixe après étude des lieux le prix de la coupe.

S'il y a accord — et on y parvient à l'amiable ou par la lutte — les travaux commencent; pour y travailler le bûcheron doit être syndiqué, car c'est le syndicat qui embauche. Du jour où le contrat est intervenu entre le syndicat et le marchand de bois, celui-ci n'a pas à s'occuper de sa coupe. Les bois lui seront livrés dans le délai fixé et dans les conditions définies dans le contrat.

On voit l'intérêt que présente ce mode de production.

Vierzon qui possède le député socialiste, Breton, paraît vouloir se relâcher de l'inactivité dans laquelle il était plongé depuis 7 ou 8 ans. Tant mieux ! Cette ville compte plus de six mille ouvriers appartenant à diverses corporations, en particulier à la métallurgie et à la mécanique. Si Vierzon avait dépensé la même somme d'effort que Bourges, le Cher occuperait la première place dans le mouvement syndical de ce pays.

A côté il y a Mehun, autre centre de céramique où l'influence du même député fut longtemps déprimante.

Il y a là aussi un progrès. Ces divers centres, quel que soit leur état de croissance, sont venus au groupement ouvrier il y a quelques années. Seules les cités de Saint-Florent, Rosières, qui comptent chacune plusieurs centaines de métallurgistes employés en majorité à fabriquer des ustensiles de ménage, et Saint-Amand ont hésité longtemps pour imiter les villes voisines.

Aujourd'hui, il y a dans chacune de ces localités des organisations syndicales. Les deux premières parce que comprenant des professions agglomérées, ont donné naissance à un mouvement ouvrier fort intéressant. Rosières eut à soutenir, il y a deux ans environ, une longue grève qui se termina à la satisfaction des ouvriers. A Saint-Amand il y a peu d'activité. Cela est dû sans doute à ce que nulle industrie n'y domine; il y a un ensemble de corporations à effectifs réduits, et aucune d'elle n'est parvenue à constituer par son importance, par sa hardiesse, le centre autour duquel se groupent les autres professions.

Si on compare la situation du Cher à celle de départements plus industriels on remarque immédiatement qu'il existe dans le premier un esprit de camaraderie, de solidarité, d'enthousiasme inconnu dans bien des régions. Et cependant le Cher n'est pas à proprement parler un département industriel; les industries qui y séjournent ne sont aucunement dépendantes les unes des autres : la céramique n'a que de lointains rapports avec la métallurgie; les bûcherons eux-mêmes si nombreux dans le Cher sont disséminés par village. Il est cependant un coin de ce département dans lequel la propagande présente plus de difficultés qu'ailleurs : c'est l'arrondissement de Sancerre. Il y a encore des localités où nul ne peut pénétrer, cela provient peut-être de ce que ce coin échappe à l'influence rayonnante d'une cité active et agissante. Je n'oserais cependant m'arrêter à des causes, n'ayant visité cette partie du Cher qu'une seule fois.

Henrichemont, canton important à quelques kilomètres de Bourges, comprend quelques tanneries — une vingtaine — occupant ensemble cent cinquante ouvriers environ. C'est encore le petit atelier de deux, trois salariés, les procédés de travail n'ont pas varié. Tout s'y fait à la main, et les produits employés sont des végétaux. Un seul atelier — le plus important, il emploie une vingtaine d'ouvriers — utilise des machines. A Henrichemont, le tannage a donc conservé sa forme ancienne; et nul produit chimique n'y a encore trouvé emploi. J'ajoute qu'il est encore bien des coins ignorés du pays où le travail s'opère comme à Henrichemont. Un syndicat y existe depuis plusieurs années, il groupe le tiers de l'effectif total de la corporation.

Bourges que je revoyais pour la dixième fois n'a pas changé. Le même enthousiasme y règne, on le partage dès la descente du train. La seule grande agglomération y existant appartient à l'Etat; elle relève du Ministère de la Guerre : c'est la fonderie. Comme dans les ports maritimes — pour des raisons identiques sans doute — les rapports entre le personnel de l'Etat et les organisations ouvrières manquent de cordialité. La discorde cependant y est inconnue. Bourges n'a jamais connu les divisions profondes qui créent des camps rivaux; il y a eu des difficultés certes, mais aisément surmontables; la politique y a fait peu de mal. Le secrétaire de la Bourse du travail est le militant incomparable; chaque Bourse du pays devrait posséder le semblable. S'il en était ainsi le mouvement ouvrier serait autrement actif qu'il ne l'est. Mais... Rarement comme à Bourges, malgré cependant l'absence de toute industrie, on est parvenu à créer une situation matérielle et morale qui défie les coups du Pouvoir. La subvention donnée annuellement à la Bourse par la municipalité a été supprimé il y a quelques années sans apporter dans l'organisation la moindre perturbation. Les services y fonctionnent comme auparavant, la même activité y règne. C'est la seule union locale du pays qui soit sortie de l'épreuve plus forte, grandie. Car la crise qui s'abatit sur les Bourses du travail, d'après les ordres de M. Clemenceau, due au refus des municipalités de continuer le versement des subventions stimula les syndicats berrichons. Ils s'attelèrent de suite à une œuvre de consolidation et de progrès : la création d'une maison indépendante comprenant salles de réunions, bureaux, bibliothèques. Aujourd'hui la réalisation est proche, grâce à l'initiative, à la ténacité et à la confiance en soi du secrétaire. Ainsi loin de s'abattre, la Bourse du Travail de Bourges se redresse donnant un exemple de volonté à toutes ses sœurs.

Lors de mon passage dans cette ville, Saint-Florent avait une usine en grève, il fallut m'y rendre pour y donner une réunion, le délégué de la Métallurgie devant venir de Paris n'étant pas arrivé. Dans cette localité ce fut au prix de grandes difficultés que l'organisation fut créée. Elle est maintenant debout, bien vivante. Une coopérative de consommation fonctionne très bien. Elle ne sera pas inutile demain pour abriter les militants si nécessaires que le patronat ne manquera pas de jeter hors des usines.

Influences politiciennes

Désorganisation

Issoudun est à quelques kilomètres. L'industrie n'y est pas très prospère : des mégisseries, des parchemineries, des chapelleries. Le tout comptant 600 ouvriers environ. Il y a quelques années Issoudun comprenait plus de 1.000 ouvriers de la peau : mégissiers et parcheminiers. Actuellement elle en compte moins de la moitié. La cause en est dans une fabrication défectueuse. Issoudun pourra être fière de ses divisions politiques, car elle en a connu. Le député est socialiste, il est en fonction depuis 1893, il a été maire de longues années. Qui est-il ? Que vaut-il ? Cela vous est indifférent ; à moi de même ! Ce que je retiens c'est qu'autour de lui se groupèrent une grande quantité de travailleurs, tandis que d'autres se rencontraient autour du concurrent, également socialiste. Voyez la situation et dites-vous que la besogne politique préoccupait davantage les ouvriers que l'organisation syndicale. Aujourd'hui, ensemble, les quatre syndicats existants groupent à peine quarante membres. Pesez ce chiffre ! Quarante syndiqués dans une ville qui élit un député et un maire socialistes à « demeure ». Cette constatation comme on le verra par la suite n'est pas particulière à Issoudun. Je puis ajouter que jamais ne m'était apparue avec tant de netteté l'opposition qu'il y a entre l'organisation ouvrière et la politique socialiste. Là où celle-ci domine il y a en général peu ou pas d'organisation syndicale. Je note ici ce point important. J'y reviendrai par la suite.

Je donnais une réunion aux mégissiers dans le but de redonner au syndicat qui en 1904 soutint quatre mois de grève générale corporative, un nouvel élan. Les militants escomptaient une quinzaine d'auditeurs, il y en eut plus de quarante. C'est un succès ! me dirent ces militants.

Montluçon est une ville importante essentiellement industrielle ; les usines y sont nombreuses, leur importance est énorme. Elles occupent des milliers d'ouvriers. Il y a donc, allez-vous dire, tout ce qu'il faut pour que Montluçon possède un fort mouvement ouvrier ; d'autant, ajouterez-vous, que ses députés sont socialistes, qu'il en est ainsi depuis près de vingt ans, que la municipalité est également en grande majorité socialiste ! Détrompez-vous ! De ce moment Montluçon compte moins de deux cents syndiqués. A la réunion publique que je donnais sous les auspices de la Bourse du Travail, il y avait cent auditeurs à peine « entassés » dans une salle pouvant contenir un millier de personnes. Le résultat pour Montluçon était maigre ; il était d'ailleurs escompté par les militants, qui dès mon arrivée dans la ville me communiquaient leurs craintes. Craintes justifiées ainsi qu'on l'a vu. Que pouvais-je dire à ces cent camarades ? Vanter le mouvement local ou transmettre des impressions que chacun pouvait ressentir comme moi. Il est, en effet, profondément regrettable, leur ai-je dit, qu'une ville qui se pique d'être à l'avant-garde, d'être un foyer révolutionnaire, qui affecte une orthodoxie socialiste impeccable, compte des syndicats vides de membres. Je n'oublie pas qu'en mai 1906, le mouvement ouvrier avait acquis une grande force, il était une puissance. Mais une maladresse commise par un délégué de Paris jeta la dislocation générale dont les effets se répercutèrent dans le Parti socialiste. Aussi, depuis, celui-ci prend ses dispositions pour ne pas que se reforment les organisation syndicales, qui créèrent des difficultés au Parti lorsqu'elles étaient pleines d'activité.

Je ne désespère pas cependant de voir les métallurgistes de Montluçon reconstituer leur groupement, y venir en nombre, prêts néanmoins, à se garder de fautes irréparables tout en lui conservant sa forme combative. Pour atteindre ce résultat les camarades actifs feront bien de ne pas s'attarder à l'acte que commet l'ouvrier, consistant à aller déposer dans une urne un bulletin de vote, ils doivent ne voir en lui qu'un prolétaire qui a pour intérêt comme eux de lutter contre le patronat. Il leur suffira de reconnaître que dans le Parti, comme partout, il y a l'homme sincère qui souffre et celui qui tire parti de ces souffrances.

De là, j'allais à Toulouse passant par Limoges, sans

m'y arrêter. Limoges est une ville importante tant par le nombre de ses habitants que par son activité commerciale et industrielle. Elle compte plusieurs milliers d'ouvriers travaillant dans la céramique, dans la chaussure, dans la métallurgie. Elle constitue un centre qui, comme Lyon, devrait jouer un rôle actif dans le mouvement syndical de cette partie de la France. Elle en possède tous les éléments à condition de les utiliser. C'est dire que jusqu'à ce jour ces éléments n'ont pas été utilisés. Comment le seraient-ils ? La lutte politique préoccupe trop les militants pour qu'il leur soit possible dè se livrer à une propagande efficace sur le terrain économique. D'autant que pour constituer un centre de rayonnement et d'attraction il est nécessaire de se donner tout entier à une unique besogne. C'est à cette condition que l'on s'améliore soi-même tout en améliorant autour de soi.

Parmi les travailleurs de Limoges il y a ce qu'on peut appeler du ressort, ils sont pleins d'élan, d'enthousiasme. Mais élan et enthousiasme ne sont « permis » et « tolérés » que si le Parti y trouve avantage et profit. Les pratiques du Nord ont leurs plagiaires à Limoges. On n'y parle plus aujourd'hui que « d'action méthodique », de « calme », de « sagesse », de « prudence ». Les mouvements de 1902 et de 1905 s'éloignent dans le souvenir et dans les faits. Si l'on y songe c'est pour les regretter et pour jurer que tant que l'intérêt du Parti les interdira les grandes luttes ouvrières sont désormais « fruit défendu ».

En effet, Limoges ouvrier fut ardent, prompt pour l'action, il y a quelques années. C'est qu'à cette époque les militants du Parti étaient en mauvais rapport avec le député-maire socialiste indépendant. Il était nécessaire que des événements se produisent qui fissent éclater l'impuissance du socialisme indépendant. Sur le terrain électoral et politique, le député-maire était imbattable. Sa faiblesse provenait de son peu d'influence sur le terrain syndical. Aussi ses adversaires politiques s'attachèrent-ils à l'œuvre des syn-

dicats ! Et en s'y attachant il en résultait un accroissement d'activité inconnue jusqu'alors qui se tradui-
sait par des conflits.

Vous vous souvenez de la grève de 1905, des incidents qui se produisirent, de l'assassinat de Vardelle !
L'intensité et la force de ces événements dépassèrent
le but, sous l'influence des éléments révolutionnaires
non socialistes. Ceux-ci se dépensaient sans compter,
donnant libre cours à leur colère et à leur exaspéra-
tion. Les politiciens se laissèrent porter par les événements dans l'espérance que le député-maire lassé,
découragé, abandonnerait le terrain — et les fonctions
— pour les leur céder. Le Parti ne pouvait en effet
acquérir une autorité qu'en détrônant l'indépendant
qui jouissait des sympathies ouvrières.

Le maire se retira, les élections se firent. L'indépendant fut remplacé... par le Parti ? non, par les
progressistes. Le but était ainsi dépassé. Le Parti
avait travaillé pour le « roi de Prusse ». Jugez de la
déception. La grande bourgeoisie, la moyenne que le
socialisme indépendant n'effrayaient pas s'étaient res-
saisis en présence des conflits ouvriers chaque jour
plus menaçants. L'action syndicale réalisait là ce
qu'elle a opéré dans tout le pays et dans le Parlement :
la réconciliation des classes bourgeoises apeurées par
la lutte du syndicalisme révolutionnaire.

Depuis 1905, l'hôtel de ville de Limoges est dirigé
par la bourgeoisie. Le premier acte de la municipalité,
acte logique, fort naturel, fut de supprimer les subsides alloués à la Bourse du Travail et d'édicter un
règlement inspiré de la loi de 1884 et qui avait pour
objet de replacer l'action ouvrière sur le terrain légal.
Ainsi, l'édilité se bornait à formuler en article de règlement ce que les politiciens allaient par la suite
mettre en pratique. Mais ils ne pouvaient accepter
sans mot dire l'attaque de la mairie. Le Parti « repré-
sentant direct de la classe ouvrière », se devait à lui-
même de protester et la dignité des ouvriers ne per-
mettait pas d'enregistrer la suppression des subsides

et la stipulation d'interdictions réglementaires sans
que s'élevât de leur sein des récriminations et des
menaces. En fin de compte, les syndicats abandon-
nèrent le local municipal et louèrent un immeuble
trop réduit pour tous leurs besoins.

Vous croyez, sans doute, que les organisations ouvrières se repliant sur elles-mêmes, se cantonnant sur
le terrain qui leur est propre allaient chercher parmi
elles des ressources leur permettant de créer un foyer
où, à l'abri des intimidations et des menaces, elles
pourraient continuer leur propagande et fortifier leur
action ! C'eût été la meilleure réponse à faire à la
municipalité. Les syndicats eussent, comme l'ont fait
ceux de Bourges, montré leur force en prouvant aux
édiles bourgeois que les subsides des municipalités
ne leur étaient pas indispensables.

En effet le but de ces derniers en supprimant la
subvention est d'affaiblir les syndicats et de leur ôter
les moyens de fonctionner. Ce but est atteint si les
organisations ne s'attèlent pas à toute besogne qui a
pour objet de leur assurer pour demain les moyens
d'action d'hier et si, s'y attelant, elles n'y parviennent
pas. A Limoges, nulle tentative de relèvement n'a été
faite ni esquissée. Atteints dans leur vie syndicale,
les militants n'ont eu qu'un souci : réparer les préjudices sur le terrain électoral en dirigeant tous les
efforts vers la conquête de l'hôtel de ville. Une fois
installés dans la maison communale, les organisations
recevraient de leurs mains : Bourse du Travail et
subvention. Mais la conquête n'est possible à leurs
yeux que si le Parti et ses propagandistes retournent
à la politique sage, honnête, pondérée, réfléchie, qui,
au lieu d'intimider la bourgeoisie, la rassure. Aussi
le langage, la pratique syndicaux ont-ils changé depuis 1905 ! Le mouvement révolutionaire confédéral,
approuvé auparavant par Limoges, est aujourd'hui
condamné, réprouvé. De telles apostasies n'atteignent
que leurs auteurs.

Comme on le voit, à Limoges fleurit la politique

parlementaire. Là, on n'accoutume pas l'ouvrier à pratiquer lui-même la lutte en vue de se fortifier et de se grandir. Non ! il faut que le travailleur se situe en bas pour permettre aux intrigants de se hisser. Il faut des gouvernants, mais il faut avant tout des gouvernés. Attendez donc, camarades de Limoges, que le Parti ait ses élus pour ouvrir toutes grandes vos fenêtres par où pénétreront dans votre foyer ces grandes réformes dont ils seront si prodigues !

Vie joyeuse

Centre ingrat

Toulouse est cette ville remplie d'une vie bruyante, bourdonnante, qui passe son existence à chanter et à rire. Les faits les plus importants s'y déroulent au milieu d'une population avide de distractions. Les gens se fâchent souvent, très souvent. Leur colère est alors une forme du rire.

Toulouse n'est ni industrielle, ni commerciale, ni bourgeoise, ni ouvrière ; elle est un grand village. Rien — le caractère, les mœurs, le mode de vie, les rapports entre les classes et les hommes — ne contribue à donner à la cité languedocienne une activité ouvrière constante et profonde. Il n'y a donc pas un mouvement ouvrier intense. Le recrutement syndical rencontre de grandes difficultés et l'action des syndicats s'exerce sans trouver de grands échos parmi le prolétariat toulousain. La besogne syndicale est en effet pour lui trop aride, trop monotone, elle est faite de petits incidents qui se succèdent et se précipitent parfois. Pour lui faire rendre efficacité et profit, il faut suivre chaque jour cette besogne, s'y attacher. Sans elle, il n'y a pas ces explosions de vie qui ont étonné, surpris, puis effrayé la bourgeoisie et qui mettent en relief le travail silencieux et quotidien.

Toulouse est une des rares villes qui n'ont pas connu dans le mouvement syndical les divisions politiques. C'est que la politique sectaire n'a pas grande prise sur le toulousain, car elle exige ténacité et obstination ; qualités ou défauts que ne possède pas l'habitant de Toulouse. Il se montre en toute chose un amateur, un dilettante, un homme heureux, à la recherche de sensations et d'impressions. Il est cependant capable de s'émouvoir, de s'intéresser, de se passionner.

Le terrain sur lequel il est chez lui, bien chez lui, est celui de la lutte électorale. S'amuser du candidat, se battre pour lui sont des passe-temps. La vie en un mot est un théâtre où il est tantôt acteur, tantôt spectateur, jouant les rôles avec le même entrain et le même laisser-aller.

Ville et population étranges, complexes, sautillantes, pleines de charme séducteur dont on aime à s'approcher pour goûter le repos de l'esprit. Les militants ont une rude tâche à accomplir : lutte contre le milieu davantage que contre les hommes. Ils se dépensent de façon continue pour cet objet. Ils enregistrent des progrès, insuffisants à leur gré.

L'industrie qui domine dans Toulouse est celle de la chaussure ; elle comprend plus de trois mille ouvriers, le syndicat en compte une trentaine. Et cependant tout a été fait en vue d'amener cette catégorie de prolétaires à l'organisation. Le cordonnier reste indifférent, se bornant à vibrer sous le choc de fortes commotions ; il aime à faire de son réduit un « petit Capitole », et de cela il est fier. L'ouvrier d'usine, dont le nombre croît au détriment de celui qui travaille à domicile, est victime d'une situation qui ressemble en bien des points à celle du tisseur : l'organisation est venue après l'entrée du machinisme et son développement. Il n'a pu de ce fait s'en rendre en partie le maître. Puis le machinisme a déplacé peu à peu les centres de production ou les a affaiblis.

C'est ainsi que Limoges, Angers, Amiens, Lyon, Paris ont perdu de leur activité. A l'avantage de quel centre ? Je m'avoue impuissant à répondre de façon précise. Des petits centres se sont formés et dont l'approche est difficile, de sorte qu'il n'y a plus, sauf Fougères, de localité comptant une population dans la chaussure fort importante. J'ajoute qu'il n'y a pas de région dans laquelle se trouvent agglomérées de grandes fabriques. Il y a éparpillement. De Toulouse il faut aller à Limoges pour rencontrer un centre comprenant plus de mille cordonniers.

Toulouse compte un arsenal relevant de la Guerre, une manufacture de tabacs, une poudrerie. Aux syndicats de ces catégories s'ajoutent ceux des corporations indispensables à la marche d'une ville de pareille importance.

Depuis quelques mois, les progrès s'accélèrent. Un réveil fort appréciable se constate. Aussi la vie ouvrière se fortifie et s'étend. Un mouvement syndical s'affirme d'une certaine précision dans l'idée et dans la forme. Les camarades feront bien de ne pas l'identifier avec la vie électorale locale, malgré les très grands services rendus par le *Midi socialiste*, journal quotidien.

Train de vie opulent

Misère extrême

Tarbes, Pau sont des villes pyrénéennes. Les populations qu'elles abritent n'ont pas la résistance du granit des montagnes. L'ouvrier y vit malheureux, accablé de misère, satisfait peut-être de frôler le riche voyageur, touriste fortuné qui jette l'or à pleines mains à la vue de chacun, que chacun voit briller mais que peu de gens reçoivent. Tous les objets nécessaires à l'existence sont coûteux et cependant les salaires y sont très bas. Et en présence d'une semblable situation, du sein de la classe ouvrière rien ne s'élève, ni colères, ni réclamations. Chacune de ces villes compte une Bourse du Travail. Leur activité est bien faible. Tarbes possède un arsenal relevant du ministère de la guerre et occupant près d'un millier d'ouvriers. Les usines n'y ont pas une grande importance ; les militants y sont peu nombreux et ceux qui s'agitent le font en désespérés. Il est juste de dire que le milieu manque de hardiesse ; d'où absence de propagande.

Pau, ville riche, compte pas mal d'usines ; celles du meuble dominent. Il y a eu, en 1905 et 1906, des tentatives intéressantes ; une Bourse du Travail fut créée sans rien solliciter de la municipalité. Un local fut loué en face de la préfecture dans une maison appartenant à un commerçant quincaillier, beau-frère de M. Barthou, ministre. Cet acte d'indépendance à l'égard du pouvoir communal était dû à la grande influence d'un avocat de la localité. Cet avocat était président du Conseil d'administration de la Bourse, il assistait aux réunions des syndicats, s'intéressait à leur besogne, y participait.

A bien des indices, il y a lieu de croire à un relâchement parmi les organisations de Pau. L'élan constitutif semble disparu. C'est regrettable.

Opposition traditionnelle

Effort à tenter

Pontacq est une petite localité située à une vingtaine de kilomètres de Pau. La fabrication de la chaussure occupe les deux tiers de la population. Hommes, femmes, enfants sont cordonniers. Cette industrie y est très prospère pour les patrons. Leurs produits s'écoulent avec une extrême facilité. La seule résistance qu'ils rencontrent provient de la fabrication, non que les ouvriers soient exigeants — ils sont si dociles — mais du fait que la main-d'œuvre est insuffisante. Dans cette localité tout le travail se fait à la main, la machine n'y a pas pénétré. Et puis y est-elle bien nécessaire ? La fabrication coûterait davantage si elle était faite mécaniquement, les prix de façon pour le cordonnier étant si modiques. Un ouvrier ordinaire gagne à peine quatre francs en se faisant aider tout le jour par sa femme. Notez que c'est celle-ci qui fait la partie de la besogne la plus pénible. La vie y est très chère, car tous les produits sont de préférence expédiés l'hiver à Pau, l'été dans les stations thermales.

A Pontacq la lutte syndicale est récente, le syndicat n'a que deux ans d'existence. Il lui faudra bientôt s'il veut remplir sa mission entamer une action en vue d'une élévation de salaires. Je ne connais pas dans le pays une cité où ce but puisse aussi aisément être obtenu. Mais si Pontacq ne connaît pas les luttes sociales, il connaît du moins les luttes politiques. Dans ce pays on est resté à la vieille opposition : réactionnaires pratiquants et républicains. Parmi ceux-ci brillent aux premières places les fabricants de chaussures. En sorte que les ouvriers se heurtent pour les vieux régimes ou pour la République. Ces prolétaires n'ont donc pas encore compris l'inutilité de cette lutte.

Ils y viendront cependant. Depuis deux ans un sensible progrès s'est opéré. Je dis que le progrès est sensible, en tenant compte de la besogne qu'il faut accomplir là-bas.

Luxe, confort

Souffrances cachées

Biarritz, Bayonne, villes ingrates pour le prcpagandiste. Que de travail s'offre au militant qui veut se dépenser ! L'une et l'autre possèdent une Union locale de syndicats. Celle de Bayonne a son siège dans un local loué en accord avec l'Université populaire ; celle de Biarritz est installée dans une salle de restaurant. Comme à Pau, les salaires ne correspondent pas avec les nécessités de l'existence. A Biarritz les loyers sont hors de prix, les aliments fort chers. Aussi l'ouvrier est-il misérable. Je parle de celui qui ne vit pas directement de l'activité commerciale que crée le visiteur, l'étranger ; de l'ouvrier d'atelier. Le ralaire moyen ne dépasse que rarement quatre francs cinquante, cinq francs. Celui qui pour son plaisir va là-bas sur la côte, ne peut juger de la situation exacte de l'ouvrier. Tout ce qui s'offre au voyageur est brillant, coquet, confortable, luxueux. Pour connaître, il faut se renseigner auprès de celui qui souffre, le voir, lui causer. Une coopérative de boulangerie y fonctionne; sous peu elle s'adjoindra la vente de tous objets alimentaires ; il y existe également une coopérative de bottiers qui a pour client le riche voyageur ou le citadin aisé. Ses prix de vente dépassent le contenu des bourses ouvrières. Les corporations qui, à Biarritz, peuvent faire un travail efficace appartiennent au bâtiment, la construction élégante, riche, ne subissant pas d'arrêts.

Bayonne est lent à se mouvoir, peut-être parce que l'intéressé n'y est pas sédentaire. Cette ville est à la fois le faubourg de Biarritz et le boulevard qui relie l'Espagne et le pays basque à Bordeaux. De cette situation résulte pour elle mille difficultés. Les organisations ouvrières à Bayonne comme à Biarritz manquent d'activité malgré les sacrifices d'une poignée de

militants. Ils ont à lutter — là comme dans toutes les
stations balnéaires — contre l'indifférence de travailleurs venus passer quelques mois pour connaître le
pays et qui trouvent à s'embaucher au compte d'un
patron de leur profession. Ces prolétaires ne séjour-
nant pas ne peuvent s'intéresser à une lutte ayant
pour objet de modifier les conditions de travail.

Défaites électorales

Désarroi complet

Bordeaux est une ville à la population ouvrière importante. Les corporations qu'elle compte sont suffi-
samment fortes pour qu'il leur soit possible de former
des groupements nombreux. Et le rôle qu'ils seraient
à même de jouer serait d'un grand intérêt. Le mouvement ouvrier bordelais peut commander à toute
une région ; aux Landes, où il aiderait à la constitution d'organisations actives et vigoureuses ; aux Charentes, à la Dordogne à qui demain réserve un avenir
commercial et industriel. Mais pour qu'il exerce une
influence heureuse autour de lui il faudrait que lui-
même eût acquis une réelle puissance. Or, il n'en possède aucune puisque de ce moment il cherche à se
relever d'une crise politique sans précédent.

Vous allez dire sans doute que par parti-pris j'at-
tribue les malaises locaux à des causes d'ordre politique ! Qu'en affirmant qu'ici comme ailleurs les responsabilités d'un état de choses préjudiciables résident dans les confusions établies entre : action politique et action syndicale, j'obéis à des passions ou à des
haines ! Je voudrais qu'il en fût ainsi pour le Parti et
les militants, c'est que leur responsabilité serait
inexistante.

La Bourse du Travail fonctionnait grâce à une sub-

vention donnée par la ville de Bordeaux. Ses fonctionnaires permanents payés sur la subvention et par conséquent à même de se livrer à une propagande active
étaient au nombre de trois.

En 1904 et en 1908, lors des élections municipales,
la Bourse et le Parti socialiste établirent une liste
commune ; chacun de ces groupements fournit la part
de candidatures lui revenant. Les élections leur donnèrent plusieurs milliers de voix. En 1904, un moment
on crut à la victoire. Néanmoins la défaite fut hono-
rable. Elle fut jugée telle à bon droit par les organisations syndicales et politiques, elle enthousiasma les
militants et chacun s'attacha plus âprement que la
veille à renforcer l'union du Parti et de la Bourse.
Cette union ne s'établissait pas sur le terrain de l'action, mais sur des appétits électoraux incompatibles
avec une lutte syndicale vigoureuse et hardie. De 1904
à 1908 un idée fixe anime les militants de la Bourse et
du Parti : changer la défaite en victoire, chasser de
la mairie les élus bourgeois et y installer les élus ouvriers. Pendant cette période la Bourse fut, en matière
syndicale, moins active qu'auparavant ; elle perdit
complètement de vue le rôle qui lui revenait, rédui-
sit sa fonction en la détournant de son objet et se
borna à calculer les chances de succès. Les élections
viennent, c'est la défaite encore ; défaite qui vient
compléter le désarroi dans le fonctionnement de la
Bourse du Travail. Déjà la suppression de la subvention décidée par une municipalité élue contre la liste
de la Bourse avait porté un premier coup et comme à
Limoges loin de se retourner vers les syndiqués, de
leur montrer la fragilité du bon vouloir municipal, de
leur indiquer la voie à suivre, de leur faire consentir
des sacrifices qui eussent assis l'organisation centrale
sur une base matérielle résistante, les militants pré-
férèrent se tourner une fois de plus vers la mairie,
vers le Parti, accentuant ainsi le mauvais côté de la
situation.

Devant la défaite, la déception est grande, profonde ; elle l'est d'autant plus que tout a été tenté pour le succès, qu'on a dérivé vers la lutte électorale tout le courant des forces ouvrières, que l'on a tout sacrifié, jouant de la sorte une dernière partie, partie sortant du cadre de l'action économique.

La chute est lamentable, irréparable, la débandade vient. La Bourse cesse de fonctionner, elle n'a pas de subsides; les syndicats, hypnotisés par la mairie, accoutumés à tendre la main, vont séparément chercher chaque mois un maigre secours de dix francs environ. De ce moment, il n'y a plus d'organisation centrale locale, plus de liens entre les syndicats, chacun d'eux va son chemin à la dérive. Il en est ainsi depuis des mois.

Lors de mon passage en juillet dernier, j'apprends qu'une Union locale est reformée; y adhèrent une vingtaine de syndicats sur quatre-vingts environ ayant asile dans le local municipal. La nouvelle Union profitera-t-elle d'un passé récent ? S'éloignant des compétitions de la politique, se renfermera-t-elle dans une action ouvrière autonome, indépendante, hardie, pleine d'imprévus, mais au bout de laquelle, néanmoins, il y a pour le travailleur un accroissement de vigueur et de confiance ? Je le souhaite. Lyon, Marseille, Toulouse, Bordeaux, Limoges, Nantes, Lille, Nancy, devraient être des points d'action d'une extrême mobilité, groupant, entraînant, les masses ouvrières placées dans leur rayon. Quelle intensité de vie se dégagerait de ces différents milieux à l'action prompte, vigilante ! Pour qu'il en soit ainsi, il faut, au préalable, que ces centres prennent conscience du rôle qui est le leur, qu'ils s'en imprègent pour en imprégner autour d'eux les organisations existantes et celles qui sont encore à créer.

Participation aux bénéfices
Hostilité ouvrière

Angoulême possède, depuis plusieurs années, une Bourse du travail; elle compte une vingtaine de syndicats, tous peu vigoureux. A côté, à quelques kilomètres, est situé Ruelle où se trouve une fonderie relevant du ministère de la marine. Le syndicat, fort de plusieurs centaines de membres, fait partie de la Fédération des arsenaux maritimes qui, en plus des ports déjà cités, compte les établissements d'Indret (Loire-Inférieure), et Guérigny (Nièvre). Ruelle confectionne des canons, des torpilles, Indret et Guérigny fabriquent les chaînes, les ancres, les blindages et autres fournitures de la marine de guerre.

C'est à Angoulême que sont les grandes papeteries Laroche-Joubert. Jusqu'à ce jour, il a été impossible d'organiser un syndicat parmi le personnel de ces papeteries. Les propriétaires ont établi dans leurs usines des institutions de secours, de participation aux bénéfices, qui retiennent l'ouvrier et lui donnent l'illusion de droits sans valeur.

A côté, les usines existant à Angoulême ne fournissent qu'un maigre contingent de syndiqués; car la bonne volonté des militants ne suffit pas. Il faut qu'elle s'exerce sur un champ d'action susceptible d'attirer les indifférents d'abord, les hostiles ensuite; or, à Angoulême, les hostiles et les indifférents sont nombreux.

Les syndicats du bâtiment sont appelés à un développement sensiblement supérieur à celui qui est réservé aux autres corporations : métallurgie, mouleurs, alimentation. Ces dernières n'étant que faiblement agglomérées paraissent destinées pour quelque temps encore à rester dans une situation stationnaire.

Le fait le plus regrettable que chacun peut noter et qui frappe tout d'abord, c'est l'hostilité brutale du personnel de la papeterie Laroche-Joubert à l'égard de l'organisation syndicale. La constatation d'un pareil état de choses, dû, comme il est dit plus haut, à la création d'institutions d'esprit libéral et philanthropique, sert, à côté de bien d'autres raisons, de considérant pour justifier une opposition ardente à l'extension de semblables créations.

Il n'est pas sans intérêt de souligner l'attitude des papetiers d'Angoulême au moment même où notre gouvernement de paix sociale, formé de rénégats du socialisme, a l'intention d'accorder en Meurthe-et-Moselle des concessions minières en incorporant dans le cahier des charges des clauses faisant au concessionnaire l'obligation de faire participer le personnel aux bénéfices. Si cette participation est effective, il y aura lieu de craindre, comme à Angoulême, de la part des métallurgistes et des mineurs de Lorraine, une hostilité à l'égard du syndicat.

Tout permet de supposer que les résultats atteints par la maison Laroche-Joubert ont incité nos rénégats à recourir aux mêmes procédés.

L'attitude de nos parlementaires socialistes sera curieuse à suivre lorsque viendront en discussion au Parlement les concessions lorraines.

Progrès acquis

Niort est un centre peu industriel, il est surtout un marché agricole. La plus forte industrie est celle de la peau. Niort est une des rares villes où l'on fait du chamois, genre de peau exigeant un travail spécial. A côté des chamoiseries fonctionnent des fabriques de gants de chamois. En plus, il y a quelques autres corporations qui fournissent des effectifs syndicaux de relative importance. L'ensemble parvient à donner à la Bourse du travail, de création ancienne, une vitalité qui ne peut aller qu'en augmentant, à condition, toutefois, d'accélérer son allure vraiment trop lente. J'ai l'impression qu'il en sera ainsi. Il ne faudrait pas attendre de Niort un essor prodigieux dans le mouvement syndical; ce serait voir les choses de trop haut et de trop loin. Cependant, le mieux déjà acquis vaut qu'on l'enregistre.

Présent incertain

Avenir à préparer

La Rochelle a eu ses difficultés surmontées péniblement. par suite de l'inexistence d'une industrie cohérente, homogène La Bourse du travail a vu sa subvention supprimée, subissant, de ce fait, une gêne à laquelle le dévouement de militants ne pouvait obvier. D'où une paralysie, un arrêt qui eussent été mortels si ne s'était accusé un mieux sensible, appréciable mais insuffisant cependant.

Les syndicats du bâtiment, celui de la métallurgie, des dockers, de création récente, peuvent, à eux seuls, donner une physionomie active et remuante à la Bourse du travail. C'est une besogne qui ne me paraît nullement impossible. Et il y aura intérêt à ce que le La Rochelle ouvrier s'agite, car il y a tout lieu d'escompter un développement industriel dû à son port de La Pallice. L'accroissement de relations maritimes poussant à une plus grande industrialisation, doit être précédée, en l'espèce, par l'extension et la consolidation d'un mouvement syndical.

Cet accroissement du commerce maritime rochelais donnera à la ville une physionomie autre. Aujourd'hui, La Rochelle compte une population mélangée, les travailleurs n'y sont en grand nombre que pour ce qui est nécessaire à la vie locale. Car le port possède une faible activité ; trop réduit, il ne permet l'accès d'aucun navire d'un tonnage moyen. Son trafic est donc limité. Il sert plutôt d'abri et de refuge aux pêcheurs, fort nombreux dans ces parages.

D'ailleurs, la ville est située de telle façon qu'elle ne peut s'augmenter et s'étendre qu'en faisant la conquête de communes voisines, mieux placées, et qui, de ce fait, sont susceptibles d'agrandissement. L'extension de celles-ci donnera à La Rochelle tout profit, puisque cette dernière s'est arrangée pour avoir la mainmise sur les environs. Ainsi La Rochelle est l'agent de progrès et de développement de ces communes conquises par suite de l'arbitraire du pouvoir central, et cet agent n'agit que pour favoriser ses profits et ses desseins.

Ce spectacle qu'offrent nos patriotes rochelais est singulier. Alors qu'ils eussent dû s'attacher à faire de la commune autonome hier qu'était Laleu-La Pallice et aujourd'hui vassale de La Rochelle un port de mer florissant, dont l'avenir eût été pour cette partie de la France d'une richesse incomparable, ils ont, au contraire, fait tout leur possible afin de paralyser l'essor de La Pallice qui, en progressant, eût fait de La Rochelle la ville de second ordre.

Maintenant la mainmise de La Rochelle sur La Pallice est complète, tout accroissement ici sera favorable là-bas. De sorte qu'il est possible, probable même que le port se transforme de par la volonté de La Rochelle, sous son impulsion exempte de toute réserve. A ce moment-là, cette ville prendra une grande importance, les usines s'y créeront, les ouvriers y afflueront et les nouveaux venus ne pourront qu'accroître la vie syndicale, à une condition cependant, c'est que les syndicats actuellement existants auront su se préparer par des dispositions utiles, de façon que les arrivants ne pénètrent sur les chantiers ou dans les ateliers que par la porte de l'organisation.

Influence incontestée
Exemple à méditer

La Pallice est un faubourg de La Rochelle que celle-ci s'est incorporée pour en régler le développement. Située sur le bord de la mer, à l'extrémité d'une pointe face à l'île de Ré, La Pallice est appelé à un grand avenir. Son port, d'un abord facile, se prête à des aménagements, les terrains inemployés couvrant une superficie énorme. On peut dire qu'il est possible de créer une ville entièrement neuve, en harmonie avec les besoins présents et susceptibles d'amplification.

Le port de La Pallice a moins de vingt ans et déjà, depuis une dizaine d'années, il possède un syndicat actif et dont l'influence, sur les quais, est reconnue par les patrons. Sur le territoire de La Pallice sont établies des usines d'engrais, des raffineries de pétrole, des tissages. Les ouvriers de ces derniers habitent dans des locaux appartenant aux patrons. De là une dépendance qui fait de ces salariés des résignés n'osant rien faire et assistant, muets et impassibles, aux triomphes des dockers.

Les ouvriers des engrais et des raffineries soutinrent une grève, il y a trois ans, qui dura plus de 90 jours. L'organisation qui les réunit est toujours debout, moins active cependant que celle des dockers.

Cette dernière a fait des prodiges. Nul ne peut travailler sur le quai s'il n'a sa carte de syndiqué; nul ne peut travailler au-dessous des prix établis. Mais pareille puissance de contrôle n'a pas été acquise sans luttes. Il a fallu du temps et des efforts. Nos camarades se sont gardés des excès de Marseille et de

Nantes. D'ailleurs, les militants y sont nombreux, très nombreux. La proportion des syndiqués qui suivent attentivement la marche du mouvement syndical, en général, est élevée. Nulle part je n'ai trouvé proportion semblable. Depuis, s'est créé un syndicat du bâtiment.

Les trois syndicats ont formé une Union locale, ont loué un immeuble comprenant salle de réunion, bureaux, bibliothèque, salle de cours. Les cours d'anglais, d'allemand, sont très suivis l'hiver; la bibliothèque est très fréquentée. Si vous avez des livres intéressants, utiles, qui vous gênent, envoyez-les à la Bourse de La Pallice ! Ils y seront les bienvenus.

J'assistais, il y a deux ans, à l'inauguration de la Bourse; ce fut une fête pleine de cordialité et d'entrain. Chacun était fier du résultat acquis. La Bourse vit, fonctionne sans subvention d'aucune sorte; chaque syndicat verse, à cet effet, une cotisation mensuelle. De ce moment, les camarades caressent le projet de l'édification d'un immeuble dont les plans sont établis, qui serait leur propriété.

Réflexions dernières

J'avais fini la série de mes réunions. J'avais augmenté « l'amas » d'impressions recueillies ici et là. J'avais eu l'occasion, durant les heures de voyage, de refaire par la pensée des pérégrinations précédentes. J'avais fortifié en moi les convictions anciennes, le désir d'autonomie, d'indépendance, la valeur de l'effort personnel, la nécessité d'une action toujours accrue.

A mon esprit était apparue plus nettement, plus clairement que jadis l'incompatibilité existant entre l'action syndicale et l'action politique électorale et parlementaire. Là, où la vie électorale est active, il y a un mouvement syndical faible. C'est que l'une gêne l'autre; c'est que le mouvement ouvrier, pour acquérir force et puissance, doit s'exercer sans autre limite que ses ressources et ses moyens. Or, l'action électorale tend à le réduire, à l'affaiblir, parce que les manifestations ouvrières, en éclatant, mettent à nu la valeur du pouvoir municipal. Celui-ci ne peut durer que s'il agit dans le cadre des possibilités communales, enfermées entre la caprice du pouvoir central et les intérêts d'une clientèle électorale bigarrée, hétérogène.

Issoudun, Montluçon, Limoges, Bordeaux — pour ne citer que ces villes — attachées à la politique militante, présentent des organisations affaiblies, diminuées, impuissantes à, créer un mouvement social fait d'une fermentation continue, de sursauts et de luttes. Nulle ou peu de vibration qui se répercute et s'étend; nul ou peu d'enthousiasme qui stimule et fait agir; nul ou peu d'élan qui éclate et qui entraîne. Il y a des organisations figées, un mouvement qui se traîne. Mais il y a, en revanche, des divisions politiques, comme à Issoudun, des situations électorales, comme à Montluçon, des ambitions politiques, comme à Limoges, et des débandades, fruit de la politique, comme à Bordeaux.

Est-ce à dire que là où n'existent pas de chances électorales le mouvement soit parfait ? Non. Je constate que dans la plupart des villes où se rencontrent ces chances il y a peu d'activité ouvrière

Une autre impression déjà ancienne s'est renforcée en moi. Elle est, à mes yeux, d'une grande valeur, car elle permet de mesurer la route parcourue et celle qui reste à parcourir.

En général, le travailleur n'est pas devenu meilleur, il reste avec tous ses défauts comme avec ses qualités. Pris en soi, seul, lorsqu'il est livré à lui-même, l'ouvrier n'a fait aucun progrès; groupé, aggloméré, il est autre. C'est que chez l'homme il y a deux personnes: celle qui ne se livre pas et celle qui se donne.

La première est égoïste, personnelle; la seconde est sensible, solidaire, impressionnable. Celle-là vit en elle-même et pour elle ; celle-ci vit pour la foule, pour la société. Il y a une différence entre l'homme pris chez lui et l'homme pris en collectivité. Voyez l'ouvrier à l'atelier, voyez-le à la réunion de grève. Il y a lutte, souvent dualité, opposition. Pourquoi ? Question délicate et compliquée.

Il en est ainsi parce que le milieu social s'améliore selon une cadence plus accélérée que l'homme ; c'est parce que l'atmosphère se purifie pour influer sur nous. Nos poumons respirent plus aisément, les jeux de nos organes sont plus souples. Mais nos poumons ne respirent et nos organes ne sont souples que parce que nous faisons partie d'une collectivité, et que tout progrès influe d'abord sur elle pour n'influer qu'ensuite sur nous.

Pour en juger, comparons 1899 et 1909 ! Voyez la différence. Quel chemin parcouru ! De cette différence j'ai pleinement conscience. De la différence existant en nous entre ces deux dates, je n'ai aucune notion.

C'est pourquoi il m'est impossible de prononcer un jugement complet sur les menus faits constatés et vus. Ce que je puis dire, c'est que les incidents flétris hier par l'opinion publique sont tolérés aujourd'hui pour être désirés demain; c'est que les idées, hier réprouvées, sont comprises aujourd'hui pour être partagées demain ; c'est que le syndicat, encore inconnu et méprisé hier, est accepté aujourd'hui pour, demain, être partie intégrante de notre vie et de nos institutions, comme le sera l'action syndicale et toutes ses manifestations: grève, calme ou violente, grève générale pacifique ou meurtrière, révolutionnaires quand même l'une et l'autre.

Au-dessus des hommes, et souvent malgré eux, l'idée chemine, fait sa trouée, s'impose et s'implante ; de même la lutte pour un meilleur avenir pénètre, conquiert, détruit pour reconstruire. C'est cette œuvre qui trop lentement s'accomplit. C'est à elle que nous nous donnons, n'ayant qu'une ambition: c'est d'aider chacun de nous à la réalisation de progrès toujours plus vastes et plus profonds.

A parcourir les villes et à approcher les hommes, les déceptions s'amoncellent, mais on éprouve aussi bien des joies et n'est-ce pas elles qui font vivre ?

Imp. coop. ouvrière 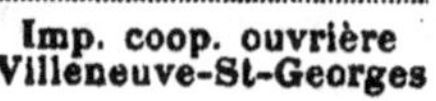  26, rue Hermand-Daix
Villeneuve-St-Georges   Téléph. 32

Extrait du Catalogue

Allard. — *Esclaves, Serfs et Mainmortables*, n. éd.   4 fr.

Barrault et Alfassa. — *Coopération et Socialisme en Angleterre*, 1909, in-12, br...................   2 fr.

Bancel (A.-D.). — *Le Coopératisme*, 1901, 1 vol. in-16, br., avec 25 fig........................   1 fr. 50

Bernstein (Ed.). — *La Grève et le lock-out en Allemagne. Leurs forces, leur droit, leurs résultats.* Conférence à l'Université nouv. de Bruxelles, 1908, gr. in-8.   2 fr. 50

Bernstein, Hueber, Keir Hardie, G.-S. Middleton, A. Octors, M. Olsen, A. Quist, F. Thies, E. Vandervelde. — *Syndicats et Parti ; les expériences étrangères*, br., in-8........................   o fr. 30

Berth. — *Dialogues socialistes*, 1 vol. in-16...   3 fr. 50

Beuchat et Hollebecque. — *Les Religions.* Etude historique et sociologique du phénomène religieux, 1 vol. in-16, illustré........................   2 fr. 50

Ciccotti. — *L'esclavage dans l'antiquité*, traduit par Platon, 1 vol. in-8........................   8 fr.

Colin (P.). — *Aperçus sur le vagabondage, effets, causes, remèdes*, 1907, 1 vol. in-16, br...............   1 fr. 50

Ier Congrès de l'Enseignement des Sciences sociales. Compte rendu des séances et texte des mémoires de Gide, Waxweiller, G. Renard, Niceforo, F. Simiand, Hauser, Deherme, 1901, 1 vol. in-8...................   5 fr.

V° Congrès national des Syndicats et Groupes corporatifs ouvriers de France, tenu à Marseille, du 19 au 22 octobre 1892. Compte rendu, 1 vol. in-8............ 1 fr. 50

Connay (Jean). — *Le Compagnonnage*. Son histoire. Ses mystères, 1909, 1 vol. in-12.................... 2 fr.

Delivet. — *Les employés et leurs corporations*. Etude sur leur fonction économique et sociale, 1908, 1 volume in-12.................................... 2 fr.

Delmer. — *Enquête anglaise sur la journée de huit heures*, 1907, in-8, br............................. 2 fr.

Draghiscesco (D.), membre de la Société de Sociologie. — *Le Problème du Déterminisme social*, 1903, in-8, br. Prix.................................... 2 fr. 50

Fesch (P.). — *L'année sociale économique*, 1907, 1 vol. in-8, br..................................... 7 fr. 50

— *L'année sociale économique*, 1908, 1 vol. in-8, br. Prix..................................... 7 fr. 50

Fournier de Flaix (E.). — *La Statistique des religions*, 1890, in-8 de 54 p...................... 1 fr. 50

Fromont. — *Une expérience industrielle de réduction de la journée de travail*, 1 vol. in-16, cart. toile..... 3 fr.

Gailhard-Bancel, député. — *Les retraites ouvrières, l'Assistance aux vieillards et aux infirmes*. Introduction et notes de M. J. Dusart, préface du comte de Mun, député, 1906, 1 vol. in-12, br........................ 3 fr.

Goulut. — *Le Socialisme au pouvoir*, 1910, 1 vol. in-16. Prix..................................... 3 fr. 50

Heberlin-Darcy. — *Esquisse d'une société collectiviste*. Etude sociologique, préface d'Anatole France, 1908, br. in-8.................................... 0 fr. 50

Jacquart (C.). — *Statistique et Science sociale*, aperçus généraux, conférences données à l'Institut supérieur de philosophie de Louvain, 1907, 1 vol. in-12....... 2 fr.

Kautsky (K.). — *Le Programme socialiste*, traduit par Rémy, 1910, 1 vol. in-8 carré.................. 6 fr.

Kurnatowski (G.). — *Esquisse de l'évolution solidariste*, 1 vol. in-8, br............................. 2 fr. 50

Labriola (A.). — *Karl Marx*. Le socialiste, l'économiste, trad. par Berth, 1910, 1 vol. in-16............. 4 fr.

Lagardelle. — *La Grève générale et le Socialisme*, enquête internationale, opinions et documents, 1905, 1 vol. in-18 de 424 p............................... 3 fr. 50

Lecarpentier. — *Le Commerce international*, 1908, 1 vol. in-16, br.............................. 2 fr.

— *Commerce maritime et marine marchande*, 1910, 1 vol. in-16, br.............................. 2 fr.

Lecoq (M.). — *La journée de huit heures*, 2ᵉ éd., 1907, 1 vol. in-12, br............................. 2 fr.

Le Mazurier (J.). — *La Guerre inutile*, br., in-16, 1909. Prix.................................. 1 fr.

Niel (L.), ex-secrétaire de la C. G. T. — *Deux principes de vie sociale*. La lutte pour la vie. L'entente pour la vie. 1909, 1 vol. in-12, br...................... o fr. 75

Octors (A.). — *La Maison du Peuple de Bruxelles*, broch. in-8.................................. o fr. 30

Picard (R.). — *La Philosophie sociale de Renouvier*, 1908, 1 vol. in-8.............................. 7 fr. 50

Poidvin (A.). — *Guide pratique en matière d'accidents du travail* à l'usage des patrons, employés et ouvriers, 1 vol. in-16, br., de 216 p...................... 2 fr.

Saint-Cyr (Ch. de). — *La Haute-Italie politique et sociale*, 1908, 1 vol. in-12........................ 3 fr.

Saint-Georges d'Armstrong (Baron Th. de). — *Concorde internationale*, avec commentaires et détails. Lettres écrites aux puissances et vœux déposés au Congrès permanent de l'Humanité dans les années 1900 à 1906, 1907, 1 vol. gr. in-8........................ 4 fr.

Séverac (G.). — *Guide pratique des Syndicats professionnels*, 1908, 1 vol. in-12, br...................... 2 fr.

Sorel (G.). — *La Décomposition du Marxisme*, 2e éd.,
in-12, br...................... o fr. 60

— *La Révolution dreyfusienne*, 1909, 1 vol. in-12, br.
Prix...................... o fr. 60

— *Les Illusions du Progrès*, 1908, in-12....... 3 fr. 50

— *Réflexions sur la violence*, 2e éd., 1910, in-16.... 5 fr.

— *Introduction à l'Economie moderne*, 1 vol. in-16. 5 fr.

Vacher de Lapouge. — *Race et milieu social.* Essais
d'anthroposociologie, 1909, in-8, br............ 8 fr.

Valmor (G.). — *La loi du nombre,* notre principe de gouvernement, 1908, 1 vol. in-16.............. 1 fr. 50

— *Les problèmes de la colonisation*.......... 3 fr. 50

Vandervelde (E.). — *Le sort des campagnes s'améliore-
t-il ? Un village brabançon en 1833. Ce qu'il est devenu.*
1 vol. gr. in-8, br...................... 2 fr.

— *Essais sur la question agraire en Belgique,* 1903, 1 vol.
in-12 de 210 p...................... 2 fr. 50

Vitali. — *La question des retraites ouvrières devant le
Parlement français,* 1906, 1 vol. in-8, br., 298 p. 5 fr.

Vogt. — *Sexe faible.* Une riposte aux exagérations et aux
utopies du féminisme, 1908, 1 vol. in-8......... 5 fr.

Waxweiller (E.). — *Esquisse d'une Sociologie.* 1 vol. in-4
carré, cart. toile...................... 12 fr.

— *L'Evolution de l'idée d'association des salaires aux profits,* 1909, brochure gr. in-8.................. 1 fr.

Weber (A.). — *A travers la Mutualité.* Etude critique sur
les Sociétés de secours mutuels, 1908, 1 vol. in-8. 5 fr.

Imp. *L'Union Typographique,* Villeneuve-Saint-Georges (S.-et-O.).

Ve Congrès national des Syndicats et Groupes corporatifs ouvriers de France, tenu à Marseille, du 19 au 22 octobre 1892. Compte rendu, 1 vol. in-8............ 1 fr. 50

Connay (Jean). — *Le Compagnonnage*. Son histoire. Ses mystères, 1909, 1 vol. in-12.................... 2 fr.

Delivet. — *Les employés et leurs corporations*. Etude sur leur fonction économique et sociale, 1908, 1 volume in-12.................................... 2 fr.

Delmer. — *Enquête anglaise sur la journée de huit heures*, 1907, in-8, br............................. 2 fr.

Draghiscesco (D.), membre de la Société de Sociologie. — *Le Problème du Déterminisme social*, 1903, in-8, br. Prix.................................... 2 fr. 50

Fesch (P.). — *L'année sociale économique*, 1907, 1 vol. in-8, br.... .... 7 fr. 50

— *L'année sociale économique*, 1908, 1 vol. in-8, br. Prix.................................... 7 fr. 50

Fournier de Flaix (E.). — *La Statistique des religions*. 1890, in-8 de 54 p........................ 1 fr. 50

Fromont. — *Une expérience industrielle de réduction de la journée de travail*, 1 vol. in-16, cart. toile..... 3 fr.

Gailhard-Bancel, député. — *Les retraites ouvrières, l'Assistance aux vieillards et aux infirmes*. Introduction et notes de M. J. Dusart, préface du comte de Mun, député, 1906, 1 vol. in-12, br...................... 3 fr.

Goulut. — *Le Socialisme au pouvoir*, 1910, 1 vol. in-16. Prix.................................... 3 fr. 50

Heberlin-Darcy. — *Esquisse d'une société collectiviste*. Etude sociologique, préface d'Anatole France, 1908, br. in-8.................................... 0 fr. 50

Jacquart (C.). — *Statistique et Science sociale*, aperçus généraux, conférences données à l'Institut supérieur de philosophie de Louvain, 1907, 1 vol. in-12....... 2 fr.

Kautsky (K.). — *Le Programme socialiste*, traduit par Rémy, 1910, 1 vol. in-8 carré.................. 6 fr.

Kurnatowski (G.). — *Esquisse de l'évolution solidariste,* 1 vol. in-8, br........................... 2 fr. 50

Labriola (A.). — *Karl Marx*. Le socialiste, l'économiste, trad. par Berth, 1910, 1 vol. in-16.............. 4 fr.

Lagardelle. — *La Grève générale et le Socialisme*, enquête internationale, opinions et documents, 1905, 1 vol. in-18 de 424 p............................ 3 fr. 50

Lecarpentier. — *Le Commerce international*, 1908, 1 vol. in-16, br............................ 2 fr.

— *Commerce maritime et marine marchande*, 1910, 1 vol. in-16, br............................ 2 fr.

Lecoq (M.). — *La journée de huit heures*, 2ᵉ éd., 1907, 1 vol. in-12, br........................ 2 fr.

Le Mazurier (J.). — *La Guerre inutile*, br., in-16, 1909. Prix.............................. 1 fr.

Niel (L.), ex-secrétaire de la C. G. T. — *Deux principes de vie sociale*. La lutte pour la vie. L'entente pour la vie. 1909, 1 vol. in-12, br....................... o fr. 75

Octors (A.). — *La Maison du Peuple de Bruxelles*, broch. in-8.............................. o fr. 30

Picard (R.). — *La Philosophie sociale de Renouvier*, 1908, 1 vol. in-8........................... 7 fr. 50

Poidvin (A.). — *Guide pratique en matière d'accidents du travail* à l'usage des patrons, employés et ouvriers, 1 vol. in-16, br., de 216 p....................... 2 fr.

Saint-Cyr (Ch. de). — *La Haute-Italie politique et sociale*, 1908, 1 vol. in-12........................ 3 fr.

Saint-Georges d'Armstrong (Baron Th. de). — *Concorde internationale*, avec commentaires et détails. Lettres écrites aux puissances et vœux déposés au Congrès permanent de l'Humanité dans les années 1900 à 1906, 1907, 1 vol. gr. in-8...................... 4 fr.

Séverac (G.). — *Gu de pratique des Syndicats professionnels*, 1908, 1 vol. in-12, Lr................ **2 fr.**

Sorel (G.). — *La Décomposition du Marxisme*, 2ᵉ éd., in-12, br......................... **0 fr. 60**

--- *La Révolution dreyfusienne*, 1909, 1 vol. in-12, br. Prix............. .... **0 fr. 60**

--- *Les Illusions du Progrès*, 1908, in-12....... **3 fr. 50**

--- *Réflexions sur la violence*, 2ᵉ éd., 1910, in-16.... **5 fr.**

--- *Introduction à l'Economie moderne*, 1 vol. in-16. **5 fr.**

Vacher de Lapouge. — *Race et milieu social.* Essais d'anthroposociologie, 1909, in-8, br............. **8 fr.**

Valmor (G.). — *La loi du nombre,* notre principe de gouvernement, 1908, 1 vol. in-16.............. **1 fr. 50**

--- *Les problèmes de la colonisation*.......... **3 fr. 50**

Vandervelde (E.). — *Le sort des campagnes s'améliore-t-il ? Un village brabançon en 1833. Ce qu'il est devenu.* 1 vol. gr. in-8, br........................... **2 fr.**

--- *Essais sur la question agraire en Belgique,* 1903, 1 vol. in-12 de 210 p........................ **2 fr. 50**

Vitali. — *La question des retraites ouvrières devant le Parlement français,* 1906, 1 vol. in-8, br., 298 p. **5 fr.**

Vogt. — *Sexe faible.* Une riposte aux exagérations et aux utopies du féminisme, 1908, 1 vol. in-8......... **5 fr.**

Waxweiller (E.). — *Esquisse d'une Sociologie.* 1 vol. in-4 carré, cart. toile.......................... **12 fr.**

--- *L'Evolution de l'idée d'association des salaires aux profits,* 1909, brochure gr. in-8................. **1 fr.**

Weber (A.). — *A travers la Mutualité.* Etude critique sur les Sociétés de secours mutuels, 1908, 1 vol. in-8. **5 fr.**

Imp. *L'Union Typographique,* Villeneuve-Saint-Georges (S.-et-O.).